Einbandillustration von Werner Geisler/
Textillustrationen von Hans Wiegandt

Rainer Hohberg · Der Lindwurm von Lambton

Drachenmärchen aus aller Welt,
ausgewählt und nacherzählt von
Rainer Hohberg

Der Lindwurm von Lambton

VEB Postreiter-Verlag Halle
1986

Vom Zimmermann Dai Li, der den Palast des Drachenkönigs reparierte

Schon lange ist es her, da wurde ein Landstrich häufig von verheerenden Unwettern heimgesucht, von Stürmen und Hagelschlag, Dürren und Überschwemmungen. Kein Wunder, daß die Ernten der Bauern meist kärglich ausfielen und ein Gast ihren Hütten stets die Treue hielt – die Armut.

In dieser Gegend lebte ein Zimmermann namens Dai Li, ein Jüngling noch, doch geschickt und fleißig wie kein zweiter. Häuser mit kunstvoll verziertem Gebälk konnte er bauen, kühn geschwungene Brücken und Pagoden mit zwölf Dächern übereinander. Doch was nützte ihm sein Geschick? Die meisten Leute waren viel zu arm, um sich schöne Häuser zu leisten. So konnte auch Dai Li vom großen Glück nur träumen.

Eines Tages wurde der Jüngling in den Garten des Gutsherrn gerufen, um dort einen Pavillon zu errichten. Der Garten war von einer hohen Mauer umgeben. Zwischen künstlich angelegten Hügeln wand sich ein sprudelnder Bach, der von zierlichen Brücken überspannt wurde. Überall blühten seltene Pflanzen, Lotosblumen und Chrysanthemen, Lilien und Jasmin, die einen wundersamen Duft verbreiteten. Kraniche und Pfauen bevölkerten den Rasen, und die Luft war erfüllt vom Gesang der Vögel.

Dai Li konnte sich an dieser Pracht gar nicht satt sehen. Aber das Schönste kam noch. – Kaum hatte er mit seiner Arbeit begonnen, spazierte ein Mädchen am Ufer des Baches entlang, wie er noch keines zu Gesicht bekommen hatte. Obgleich es noch morgendlich kühl war, wurde dem Jüngling so heiß, als stehe ringsum alles in Flammen.

„Wer bist du?" fragte er schüchtern die Schöne.

„Kennst du mich nicht mehr, Dai Li?" erwiderte das Mädchen. „Ich bin Tschang, die jüngste Tochter des Gutsherrn. Als Kinder haben wir oft miteinander gespielt."

„Ach ja", erinnerte sich Dai Li. „Aber wie schön du geworden bist!" Tschang errötete und antwortete mit einem Lächeln. Und schon war der Jüngling bis über beide Ohren in sie verliebt.

Nach Hause zurückgekehrt, eilte er zu seinem Onkel.

„Onkelchen, ich möchte die jüngste Tochter des Gutsherrn zur Frau nehmen. Geh bitte als Brautwerber in sein Haus und halte für mich um ihre Hand an."

„Aber Junge, was hast du dir in den Kopf gesetzt", wandte der Onkel ein. „Der Gutsherr ist der reichste Mann weit und breit, du aber bist nur ein armer Zimmermann."

„Sie nimmt mich, das weiß ich bestimmt", beharrte Dai Li.

Da blieb dem Onkel nichts anderes übrig, als den besten Strohhut aufzusetzen und zum Gutsherrn zu gehen.

Dieser empfing ihn mit aller Freundlichkeit. „Liebend gern will ich meine Tochter dem fleißigen Dai Li zur Frau geben", sprach er. Doch seine Freundlichkeit war Lug und Trug. In Wirklichkeit hatte der alte Raffer längst den Sohn einer steinreichen Familie für Tschang ausgewählt. Deshalb fügte er auch im selben Atemzug hinzu: „Als Brautgeschenk verlange ich aber ein Kästchen mit Kranichperlen, neunfarbigen Kranichperlen. Wenn Dai Li sie beisammen hat, mag er sich bei mir vorstellen!"

Als der Zimmermann von dieser Bedingung hörte, ließ er den Kopf hängen, und salzige Tränen liefen an seinen Wangen herab. Neunfarbige Kranichperlen – woher sollte er sie nehmen? Niemand im Dorf hatte derlei Kostbarkeiten je gesehen, geschweige

denn besessen. Selbst der großmächtige Kaiser nannte nur ein Dutzend dieser Perlen sein eigen, und er hütete sie wie seinen Augapfel.
Es war aussichtslos, völlig aussichtslos! Dennoch gab sich Dai Li nicht gleich geschlagen. Er schulterte sein Handwerkszeug und machte sich auf die Suche.
Monatelang zog er durchs Land, vom Gebirge bis zum Meer. Aber umsonst. Nicht einmal eine gewöhnliche Muschelperle bekam er zu sehen. So stand er schließlich am steilen Ufer des Meeres und starrte ratlos in die dunklen Fluten. Schwer war sein Herz, schwer wie Blei, und es zog ihn mächtig hinab. Da breitete er verzweifelt seine Arme aus wie ein Vogel die Flügel und stürzte sich in die Tiefe.
Aber Dai Li ertrank nicht etwa, als er in gischtende Wasser eintauchte. Hört nur, was ihm widerfuhr!
Schwarze Ringe tanzten vor seinen Augen, die sich allmählich verfärbten, erst blau, dann lila wurden, schließlich gelb und grün . . . Sachte sank der Jüngling auf den Grund des Meeres, wo er sich auf einer grünen Seegraswiese wiederfand.
Taghell war es hier. Soweit das Auge reichte, wogte das Gras. Und was war das? Irgendwoher wehte ein zartes Läuten: Kling . . . di . . . ling . . . dong . . . ding . . . Dorthin wendete Dai Li seine Schritte. Er wanderte viele Stunden über den einsamen Meeresgrund. Immer näher kam das Kling . . . di . . . ling . . . dong . . . ding . . . Endlich tauchte vor seinen Augen ein prächtiger alter Palast auf, an dessen zierlich geschwungenen Dachtraufen zahllose Glöckchen aus Porzellan hingen, die bei jeder Bewegung sangen und klangen.
Vor dem Eingangstor lag ein kleiner grüner Drache und schlief. Pochenden Herzens entbot ihm Dai Li seinen Gruß und erkundigte sich, wer der Herr dieses Palastes sei.
Der Wächter schaute den Ankömmling nur mit einem Auge an. ,,Na, wer schon", brummte er schläfrig, ,,der Drachenkönig natürlich. Und wer bist du?"
Obwohl ihn der Wächterdrache sehr gelangweilt anschaute und in

einem fort gähnte, erzählte ihm Dai Li offenherzig seine Geschichte. Als er aber auf sein Handwerk zu sprechen kam, wurde der Drache hellhörig. Er sprang auf. Seine drei Augen wurden groß wie Suppenteller. „Wie? Ein Zimmermann bist du?" rief er aus. „Dann wird dich der Drachenkönig mit offenen Armen empfangen! Denn siehe: Unser schöner Palast ist alt und baufällig. Seit neunundneunzig Jahren wird ein tüchtiger Handwerker gesucht, der alles in Ordnung bringen kann. Doch Handwerker sind auf dem Meeresgrund selten. Bleib bei uns, Zimmermann! Mit seinen schönsten Kranichperlen wird der Drachenkönig dich entlohnen."

Und wirklich! Der kleine grüne Drache hatte nicht geflunkert. Wie ein Minister wurde Dai Li im Palast willkommen geheißen. Der Drachenkönig, eine kleine goldene Schlange mit moosgrünem Bart, nahm zur Ehre des Gastes sogleich Menschengestalt an. Von nun an durfte Dai Li jeden Tag nach getaner Arbeit an seiner Seite speisen, Schwalbennestsuppe, gesottene Garnelen, kandierte Bambusspitzen – die feinsten Leckereien, die man sich denken kann. Und die zahlreichen Töchter und Söhne des Herrschers der Gewässer spielten zur Unterhaltung auf Trommeln und Flöten und tanzten zierlich im Reigen. So verflossen die Wochen wie Tage. Unter Dai Lis kunstfertigen Händen erstand ein Saal nach dem anderen in neuem Glanz. Schon bald war der Palast des Drachenkönigs so prachtvoll, daß der Himmelskönig, dessen Wolkenschloß bisher als das schönste gegolten hatte, neidvoll auf den Grund des Drachenmeeres herabblickte. Bald kam der Tag, an dem es Abschied zu nehmen galt.

„Oh Herrscher, Säge und Schnitzmesser haben ihren Dienst getan", sagte Dai Li eines Abends, als er mit dem Drachenkönig beim Schachspiel saß. „Mein Auftrag ist erfüllt. Nun zahl mir meinen Lohn aus, denn morgen möchte ich wieder hinauf zu den Meinen."

„Ach, ich habe mich so an deine Gesellschaft gewöhnt", erwiderte der Drachenkönig betrübt. „Hast du nicht Lust, für immer bei mir zu bleiben?"

„Wie gern bliebe ich noch hier. Doch das Heimweh ist gar zu groß."

„Nun, wenn du unbedingt fortwillst, mag ich dich auch nicht halten", brummte der König. Er holte eine Schatulle aus dem Schrank, die bis zum Rand mit neunfarbigen Kranichperlen gefüllt war, und überreichte sie dem Zimmermann. „Hier ist dein Lohn, Dai Li. Aber bevor du dich auf den Weg machst, muß ich dir eines verraten: Wenn ich mich recht besinne, habe ich unlängst ein kleines Unwetter in deine Heimat geschickt. Jetzt regnet es dort, als würden im Himmel Bottiche ausgekippt. Brrr, es ist ungemütlich dort! Willst du nicht lieber bei mir bleiben?" Dai Li sprang erschrocken auf. „Ein Unwetter? Aber warum denn?"

„Warum, warum . . . Regen zu schicken, ist schließlich das Amt des Drachenkönigs. Mal Nieselregen, mal ein kleiner Wolkenbruch . . ." „Aber du kannst den Regen doch anhalten. Mir zuliebe. Ich flehe dich an!" stieß Dai Li hervor. Mit Grauen dachte er daran, wie es in seiner Heimat jetzt aussehen mochte. Wenn die Regenfluten von den Bergen ins Tal stürzten, rissen sie alles mit sich, die Hütten, das Vieh, selbst die Erde der Felder. . . Die Not war grenzenlos, wenn nicht bald etwas geschah.

Doch der Drachenkönig schüttelte nur sein Haupt. „Wo denkst du hin? Ein ordentliches Unwetter dauert mindestens dreiunddreißig Tage, und es abzustellen ist unmöglich, völlig unmöglich. Das kann nur einer . . ."

„Wer? So sprich doch!"

„Mein Bruder, der ältere Drachenkönig. Meinetwegen kannst du ihn ja um diese Gefälligkeit bitten. Doch laß dir gesagt sein: Es ist nicht gut Kirschen essen mit ihm."

„Das ist mir gleich", entgegnete Dai Li entschlossen. „Sag mir schnell, wie ich zu ihm gelangen kann.

Als der Drachenkönig merkte, daß er den Zimmermann nicht aufhalten konnte, ließ er den silbernen Gong dreimal erschallen und sprach: „Vor dem Tor wartet ein Delphin auf dich. Er kennt den Weg zu meinem älteren Bruder. Leb wohl, Dai Li, und denke daran, daß du mir immer willkommen sein wirst."

Dai Li verneigte sich. Dann jagte er auf dem Rücken des schnellen Tieres durchs Meer und kam – eins, zwei, drei – zum älteren Drachenkönig, dessen Palast sich inmitten eines schwarzen Gebirges befand.

Finsternis umgab den Jüngling. Das Tor wurde von zwei riesigen Krebsen bewacht, die ihn mit ihren rotglühenden Augen mißtrauisch anfunkelten.

„Zum älteren Drachenkönig sollen wir dich vorlassen? Was gibst du uns dafür?"

Dai Li hatte nicht viel zu bieten. Sein Schnitzmesser zog er hervor. Die Krebse klapperten beleidigt mit ihren mächtigen Scheren. Auch Säge und Axt verschmähten sie. Der Anblick der schimmernden Kranichperlen jedoch machte sie zugänglich. Solche Kostbarkeiten gab es nur im Meer des jüngeren Drachenkönigs. Begierig streckten sie Dai Li ihre Scherenhände entgegen.

Der schrak zurück. Die Perlen waren schließlich sein Brautgeschenk für Tschang! Nur ihretwegen hatte er diese gefahrvolle Reise unternommen.

Dai Li sah das Mädchen vor sich, sah ihre dunklen Augen erwartungsvoll glänzen: Wann kommst du zurück, Dai Li? Wie lange soll ich noch auf dich warten? Doch er mußte auch an die Leute aus seiner Heimat denken, die sich in höchster Not befanden: Hilf uns, Jüngling! hörte er sie rufen. Nur du kannst uns retten!

Was tun?

„Ach, es wird schon nicht auffallen, wenn zwei Perlen fehlen", besann sich Dai Li schließlich. Die Riesenkrebse waren damit zufrieden und öffneten ihm das Tor.

Der ältere Drachenkönig war eine Schlange, dick wie ein Eimer, mit viereckigem Gesicht und roten Punkten unter den Augen.

„Du bist wohl nicht bei Troste", ließ er sich vernehmen, als Dai Li seine Bitte vorgetragen hatte, und seine Stimme zischte, als würden Feuerwerkskörper abgeschossen. „Denkst du, es sei eine Kleinigkeit, ein Unwetter aufzuhalten?"

„Aber so denke doch an die armen Leute, die unter dem Wasser zu leiden haben", flehte Dai Li.

,,Papperlapapp! Wo käme unsereiner hin, wenn er immerfort an die Leute denken würde. Wir Drachenkönige sind für das Wetter verantwortlich, nicht für die Leute . . . Aber das heißt natürlich nicht, daß der ältere Bruder des Drachenkönigs ein Herz aus Stein hätte! O nein! Für ein kleines Geschenk macht er gelegentlich Unmögliches möglich . . . Wenn du mir beispielsweise die kleine Perlenschatulle geben würdest, von der meine Wächter berichtet haben . . ."
Dai Li hielt seinen Schatz fest in den Händen. Was tun, was tun, pochte sein Herz. Alles hätte er dem Drachenkönig gern gegeben, selbst seine zehn Finger. Aber die Kranichperlen . . .?
Doch dann dachte er wieder an das Dorf und sagte kurzentschlossen: ,,Nun gut, du sollst sie bekommen. Aber dann verlange ich noch etwas!"
,,Und das wäre?"
,,Ich verlange, daß nie wieder ein Unwetter mein Land heimsucht!"
,,Nicht mal ein ganz winziges?" fragte der Drachenkönig verblüfft.
,,Auch nicht das geringste! Für immer und alle Zeiten!"
Grün vor Gier leuchteten die Augen des Drachen, als Dai Li ihm die geöffnete Schatulle unter die Nase hielt.
,,Einverstanden", zischte er, ,,gib schon her!"
Nachdem das Kästlein den Besitzer gewechselt hatte, drängte Dai Li den Drachenkönig, den Regen schleunigst anzuhalten.
,,Wenn's denn sein muß, magst du selbst zu den Wolken fliegen", sprach dieser und nahm einen goldenen Drachenmantel aus dem Schrein. ,,Du brauchst die Wolken nur mit den Schößen des Mantels zu streifen, dann gehorchen sie dir aufs Wort. Doch sei auf der Hut, daß dich kein Menschenauge entdeckt, sonst mußt du für immer ein Drache bleiben . . ." Dai Li hatte nur noch mit einem halben Ohr hingehört. Kaum in den goldenen Mantel geschlüpft, erhob er sich in der Gestalt eines Drachen vom Meeresgrund. Ein paar sanfte Bewegungen mit den Flügeln genügten – schon schnellte er wie ein fliegender Fisch aus dem Meer und flog den

Wolken entgegen. In dem feuchten Himmelpfuhl angelangt, ließ er sich vom Wind treiben und gelangte schnell in jene Gegend, wo sich sein Dorf befinden mußte. Schweres Gewölk braute sich hier zusammen und ließ seine Regenlast unentwegt auf die Erde rinnen. Um zu sehen, was unten geschah, mußte sich Dai Li erst ein Loch in die Wolkendecke wühlen.

Da lagen ihm Berge und Täler, Hütten und Felder winzigklein zu Füßen. Doch welch trostloser Anblick! Wie ein gefräßiges Ungeheuer wälzte sich das lehmige Wasser aus dem Gebirge hinab ins Tal, verschlang, was sich ihm in den Weg stellte, und die Menschen flüchteten wie Ameisen bei einem Platzregen.

„Mein Land, mein unglückliches Land", stöhnte Dai Li. Doch er besann sich rasch. Mit den Schößen des goldenen Mantels strich er über die Wolken hinweg.

Und siehe da! Die Wolkenhaufen wurden zusehends heller und leichter und begannen sich aufzulösen; der Regenhimmel schloß seine Schleusen.

„Da seht nur, ein blauer Fleck am Himmel!" vernahm Dai Li von unten aufgeregte Stimmen.

„Ja, ich sehe es auch. Und die Sonne bricht hindurch!"

„Der Regen hört auf!"

„Wir sind gerettet, gerettet!"

Das Wasser auf Feldern und Wegen versickerte, und ein würziger Duft stieg von der Erde auf. Der Fluß, das braungelbe Ungeheuer, wurde zahm und kehrte in sein Bett zurück. Die Vögel schüttelten sich das Naß aus den Federn, und die Blumen reckten sich den ersten Sonnenstrahlen entgegen. Eilig liefen die Leute ins Dorf zurück und kehrten mit großen Reisigbesen das Wasser aus ihren Hütten, daß es nur so spritzte.

Dai Li vermochte sich von dem Anblick nicht loszureißen. Freudig glänzten seine Augen. Doch es standen Tränen darin. Denn eben hatte er auch das Haus des Gutsherrn entdeckt, wo Tschang, seine Braut, gerade in eine kostbar geschmückte Hochzeitssänfte stieg, um ins Haus des von ihrem Vater bestimmten Bräutigams getragen zu werden.

Währenddessen hatte der Wind aufgefrischt und die letzten Wölkchen fortgeblasen. Blau und blankgeputzt strahlte der Himmel. Als Dai Li bemerkte, daß er goldglänzend am Himmel schwebte, den Blicken der Menschen preisgegeben, war es bereits zu spät.
„Seht, ein goldener Drache fliegt über uns hinweg!"schrie ein kleiner Junge. Männer und Frauen, Greise und Kinder stürzten aus ihren Behausungen, um ihn mit eigenen Augen zu sehen.
„Das ist kein gewöhnlicher Drache", meinte ein Alter. „Er hat den Regen vertrieben und wird uns gewiß auch künftig Glück bringen." Da verneigten sich alle vor dem entschwindenden Drachen, und sie winkten ihm nach, bis er am östlichen Horizont für immer untergetaucht war. Der Alte sollte Recht behalten.
Seit dieser Zeit wurden Unwetter in dem Lande selten: Es regnete nur so viel, wie Reis und Zuckerhirse zum Wachsen brauchten, und die Sonne schien jeden Tag, so daß reiche Ernten reiften und die Not ein Ende hatte.
Des goldenen Drachen gedenken die Menschen dortzulande deshalb noch immer. Bis auf den heutigen Tag wird er als Bote des Glücks verehrt. Daß dieser Drache kein anderer ist als der Zimmermann Dai Li, weißt freilich nur du, der du dies Märchen kennst.

Nach einem chinesischen Märchen

Die gelehrten Königssöhne und der Drache

In der Stadt Tschandrapura herrschte vor Zeiten ein König namens Tschandradschit. Dessen ganze Liebe galt seinen drei Söhnen, hübschen, aufgeweckten Knaben, die er zu gelehrten Männern machen wollte. Als die Sterne einmal günstig standen, vertraute er sie einem alten Lehrer an, der sie in einem weltabgeschiedenen Tempel zwölf Jahre, zwölf Wochen und zwölf Tage lang in sämtlichen Wissenschaften unterrichtete.

Als die Zeit vorüber war, ließ König Tschandradschit den Lehrer mit Gold und Edelsteinen reich beschenken und seine Söhne in den Palast zurückkehren. Sie waren zu ansehnlichen Jünglingen herangewachsen. Von nun an saßen sie an seiner Seite und antworteten auf jede Frage mit den wundervollsten, längsten Sätzen, die man sich denken kann. Der König war stolz auf sie, wie ein Pfauenhahn auf die Federn seines Schweifs.

Nun hatte Tschandradschit einen Ratgeber, Subudhi mit Namen, der ein ehrlicher, kluger Mann war. Den fragte er eines Tages, welchen seiner Söhne er für den gelehrtesten halte. Anfangs zögerte Subudhi. Als der König aber nicht locker ließ, sprach er schließlich: „Ich will dir die Wahrheit sagen, oh Herr. Aber du mußt versprechen, mir deshalb nicht zu zürnen."

„Warum sollte ich dir zürnen? Sprich nur, sprich."

Da verbeugte sich der Ratgeber so tief, daß sein Turban den Boden berührte und sprach: „So höre denn, wie ich darüber denke, oh Herr. Als unwissende Knaben hast du deine Söhne fortgeschickt, aber zurückgekehrt sind sie als geschwätzige Toren, einer wie der andere. Ihre Gelehrsamkeit ist die von Papageien, sie plappern nach, was sie gehört haben. In Wirklichkeit aber wissen sie so wenig vom Leben und Treiben der Welt, daß sie nicht einmal Stier und Kuh unterscheiden, geschweige denn ein Königreich regieren können."
Diese Worte trafen das stolze Herz des Königs wie spitze Pfeile. Im ersten Zorn wollte er Subudhi für seine kühnen Worte bestrafen, der aber sagte: „Du glaubst mir nicht? Es gibt ein sehr einfaches Mittel, die Wahrheit meiner Worte zu beweisen. Schicke deine Söhne ohne Lehrer und ohne Bedienstete auf Reisen. Daran, wie sie die Hindernisse der Fahrt überwinden, wirst du leicht ermessen können, wie es um ihre Klugheit und Tatkraft bestellt ist."
Mit diesem Vorschlag erklärte sich König Tschandradschit einverstanden. Auch die drei Prinzen stimmten zu, denn sie waren begierig, in der Fremde Ruhm und Ansehen zu erwerben. Drei weiße Kamele wurden vom Stallmeister auf das Prächtigste ausgestattet, mit schellengeschmücktem Zaumzeug und seidenen Decken und allem, was man für eine längere Reise benötigte. Nachdem der König seinen Söhnen zahlreiche nützliche Ratschläge mit auf den Weg gegeben hatte, bestiegen sie ihre Reittiere und zogen los. Subudhi aber nahm sich ein schnelles Roß und folgte unbemerkt der kleinen Karawane, um dem König alles zu berichten, was sich ereignen würde.
Die weißen Kamele waren die sanftmütigsten im ganzen Königreich. Willig trugen sie ihre Reiter aus Tschandrapura hinaus, zum Dschungel hin. Lärmende Vögel begleiteten sie auf ihrem Weg, ein Schakal sprang scheu beiseite. Aber von alldem bemerkten die Prinzen nichts, denn sie vertrieben sich die Zeit mit hochgelehrten Gesprächen über Mond und Gestirne.
Als die Mittagszeit nahte, breiteten sie ihre Decken im Schatten eines weitverzweigten Mangobaumes aus, luden die Speisekörbe ab

und ließen sich zum Essen nieder. Nicht lange, da stieg, vom Duft der Früchte und scharfgewürzten Fleischpasteten angelockt, ein Affe aus der Krone des Mangobaumes. Ihm folgten ein zweiter, ein dritter und immer mehr, bis die jungen Gelehrten von einer großen Affenherde umzingelt waren.
Die naschhaften Tiere machten sich ungeniert über die Speisen aus der königlichen Küche her, sprangen ihren Gastgebern auch auf Köpfen und Schultern herum, zogen sie an ihren Ohren und kniffen sie in die Nasen. Aber die Prinzen wehrten sich nicht.
,,Welch seltsames Volk", wunderte sich der erste, denn Affen waren ihm völlig unbekannt.
,,Ungezogene Bauernlümmel", rief unwillig der zweite, dem einer der langarmigen Plagegeister gerade den Turban vom Kopf wikkelte. Da ermahnte der dritte Königssohn seine Brüder: ,,Was sitzt ihr tatenlos herum? Kein Unheil ist auf der Welt, gegen das unsere Weisheit nicht Mittel wüßte! Wozu haben wir siebzehn verschiedene Sprachen studiert? Laßt uns nur herausfinden, welcher Sprache sich jene haarigen Flegel bedienen, dann wollen wir ihnen gehörig die Meinung geigen!"
Welch kluge Idee, dachten die Brüder erfreut. Und sie begannen sogleich, den Affentieren in allen möglichen Sprachen ins Gewissen zu reden.
In der Sprache der Bengalen, Kambodschaner, Chinesen . . . Die Zeit der Mittagsglut verging, aber die Affenherde kümmerte sich nicht um das Gerede der Prinzen.
In der Sprache der Afghanen, Mongolen, Perser . . . Die Sonne sank, der Nachmittag neigte sich dem Ende zu, doch die Affen wurden ihres Treibens nicht müde.
Erst als der Abend mit Finsternis und kühlen Winden kam, die Königssöhne redeten gerade in Tibetanisch auf die Affen ein, hatten diese sich so sattgefressen, daß sie sich träge und zufrieden auf ihren Schlafbaum begaben.
Da warfen sich die Prinzen stolz in die Brust und riefen aus: ,,Sehet und staunet ihr Götter, wie glänzend wir diese Raubgesellen mit den Waffen unserer Gelehrsamkeit in die Flucht geschlagen

haben. Der Macht der Weisheit ist auf Erden eben kein Gegner gewachsen."

Am zweiten Reisetag erreichte die Karawane den Saum des Waldes. Bis zum Horizont erstreckte sich nun eine fruchtbare Ebene, durch die sich silberglänzend ein Fluß wand. Warm und flach war sein Wasser, so daß sie ohne Mühe das jenseitige Ufer erreichten. Wie sich die Königssöhne dort zur Rast niedersetzen wollten, entdeckte der erste im Sand eine Spur und rief: „Seht nur, allwissende Brüder, die Spur führt in den Fluß hinein, aber nicht wieder heraus. Also haust ein Geist in dem Gewässer, wie wir aus den gelehrten Büchern wissen."

„Er wird doch nicht einen von uns . . .", meinte erschrocken der zweite.

„Alle Flußgeister, die solche Spuren hinterlassen, sind des Menschen Feind", sprach der dritte. „Gewiß hat er einen von uns . . ."

„Das laßt uns gleich feststellen", rief der erste. Er zählte seine Brüder, vergaß aber sich selbst dabei. Und die Brüder zählten vor lauter Aufregung ebenso.

„Oh weh! Aber dann müssen wir doch etwas tun, um unseren Bruder aus der Gewalt des Flußgeistes zu retten", klagten sie im Chor. „Wir müssen den Geist beschwören, ihm Opfer bringen, wie wir es gelernt haben."

So geschah es dann auch. Auf den Knien liegend, beschworen die Königssöhne den Flußgeist, sein vermeintliches Opfer frei zu lassen. Dann opferten sie ihre Ringe, indem sie diese ins Wasser warfen. Und schließlich töteten sie eines der weißen Kamele, das sie ebenfalls den Fluten übergaben. Als alles jedoch ohne Wirkung blieb, brachen sie in Tränen aus, klagten und weinten, daß es weithin zu hören war. Wahrscheinlich wären sie vor lauter Gejammer gestorben, aber da kam ein Pilger des Weges, ein weißhaariger Alter, der fragte die Königssöhne, was ihnen fehle.

„Ach, wir Unglücklichen", klagten diese. „Vor wenigen Tagen sind wir ausgezogen, um die Welt zu besehen, und nun hat der Geist dieses Flusses einen unserer Brüder geraubt. Alle Beschwörungen und Opfer überhört er."

,,Nanu", rief der Pilger, ,,zählt mir doch einmal vor, wieviel ihr seid." Und ein jeder zählte wieder, ohne dabei an sich zu denken.

,,Was gebt ihr mir, wenn ich euch den dritten Bruder herbeischaffe?" fragte darauf der Pilger.

,,Alle Schatzhäuser unseres königlichen Vaters werden dir offenstehen!"

,,Nun gut", sprach der Alte. Und er gab dem ersten einen Hieb auf die Schulter: ,,Das ist Nummer eins!" Es folgte der zweite. Dem dritten Bruder aber gab er einen besonders kräftigen Schlag und sagte: ,,Da habt ihr den verlorenen Bruder wieder!"

,,Wahrhaftig", riefen die Königssöhne und fielen sich überglücklich in die Arme, als hätten sie sich nach langer Trennung wiedergefunden. ,,Dann hat der Geist unsere Opfer wohl doch angenommen!"

Sie dankten wortreich den Göttern und auch dem weißhaarigen Pilger. ,,Du hast uns einen großen Gefallen erwiesen", sagten sie zu ihm. ,,Begleite uns ein Stück des Weges, damit wir dir mit einer Probe unserer Klugheit danken können."

Listig lächelnd nahm der Alte das Angebot an, und sie bestiegen die Kamele. Zahllose Dörfer und Städte sahen die Reisenden auf ihrem weiteren Weg. Allerorts wurden sie ehrerbietig begrüßt und mit Fladen und Tee, Büffelmilch und schönen Früchten bewirtet. An den Quellen reinigten sie sich vom Staub der Straßen, in den Tempeln opferten sie den Göttern reichlich. So kamen sie wohlbehalten bis an den Rand eines zerklüfteten, menschenleeren Gebirges.

Als sie eine Weile bergauf geritten waren, versperrte ein Berg ausgeblichener Knochen den Weg.

,,Wartet, ich will die scheußlichen Gebeine beiseite schaffen", erbot sich der Pilger.

Aber die Königssöhne wehrten ab: ,,Wie? Willst du dir etwa deine geweihten Hände beschmutzen? Wozu sind wir Heilgelehrte? Siehe und staune, wir werden den Kadaver einfach zum Leben erwecken, dann wird er von selbst den Weg freimachen."

Der Pilger hob warnend die Hände. ,,Haltet ein! Mit eurer Gelehrsamkeit werdet ihr uns alle umbringen!"
Aber die Königssöhne lachten wie törichte Knaben.
,,Ich kann die Knochen zusammenfügen", brüstete sich der erste. Und wirklich, kaum hatte er seinen Spruch gemurmelt, kollerte der Knochenberg durcheinander, und wie von Geisterhand fügten sich die Gebeine zu einem elefantengroßen Gerippe zusammen.
,,Ich liefere Fleisch und Blut", rief voller Stolz der zweite. Er bestrich das Gerippe mit verschiedenen frischen Kräutern, wodurch ihm die Pranken eines Löwen wuchsen, die Flügel des Adlers, der schuppige Leib des Krokodils und ein Maul, so gräßlich wie das Eingangstor zur Unterwelt.
,,Und ich hauch ihm frisches Leben ein", verkündete nun der dritte, die Warnungen des Pilgers nicht achtend.
Da kam, was geschehen mußte.
Zum Leben erweckt, erhob ein greuliches Drachenungeheuer sein Haupt. Statt dankbar den Weg freizumachen, stürzte es mit Hungergebrüll auf seine wohlgenährten Retter.
Doch was sahen sie im selben Augenblick? Seine Verkleidung abwerfend, verwandelte sich der alte Pilger in Subudhi, den treuen Ratgeber König Tschandradschits. Bis jetzt hatte er die Königssöhne unerkannt begleitet. Nun aber ergriff er den Speer und warf ihn mit ganzer Kraft in den geöffneten Rachen des Ungeheuers, worauf diesem das eben erst eingehauchte Leben entwich.
So kamen die Söhne des Königs Tschandradschit mit dem Schrekken davon, und dieser war heilsamer für sie als alle gutgemeinten Ratschläge.
Nach Tschandrapura zurückgekehrt, erfuhr der König aus ihrem Munde, was auf der Reise geschehen war. Da senkte der Herrscher beschämt sein Haupt, und er verzieh seinem getreuen Ratgeber, der in allem recht behalten hatte. Zum ersten Minister des Königreiches ernannt, lag es fortan in dessen erfahrener Hand, die Königssöhne zu wahrhaft klugen Männern zu erziehen.

Nach einem indischen Märchen

Der Lindwurm von Lambton

Unweit von Bridgeford, am Ufer des Flusses Wear, erhebt sich eine finstere Burgruine. Es heißt, daß keiner der Herren dieser Burg friedlich in seinem Bett gestorben sei, sondern daß allesamt auf ungewöhnliche Weise zu Tode kamen. Darüber erzählt man folgende merkwürdige Geschichte:

Zu der Zeit, da König Eduard in England regierte, lebte in der Burg von Lambton ein junger Ritter wild in den Tag hinein. Wenn er nicht mit seinen Kumpanen beim Bier saß, so jagte er mit der kläffenden Hundemeute Hase und Hirsch. Und wenn er nicht jagte, dann hockte er gewiß mit der Angelrute am Ufer der schnellfließenden Wear. Jeden Fisch, den er aus dem Wasser zog, begrüßte er mit einem wilden Fluch. Und fing er nichts, so fluchte er ebenfalls, daß es weithin zu vernehmen war.

An einem schönen Sommertag waren seine Verwünschungen besonders scharf gewürzt, denn kein Fischlein verspürte Lust, auf des Ritters wurmgespickten Haken zu beißen. Den halben Tag hatte er auf diese Weise totgeschlagen. Wie er nun sämtliches Wassergetier der Welt zum Teufel gewünscht hatte und zum Aufbruch rüsten wollte, merkte er, wie unverhofft ein starker Ruck die Angelsehne spannte. Der Ritter mußte auf beide Beine springen und sich kräftig ins Zeug legen, um diesen Fang an Land zu holen. Er zog und zog. Doch was war das! Statt der riesigen Forelle, die er erwartet hatte, hing ein großer, schleimig-schwarzer Wurm am Haken, der ihn mit seinen vorstehenden Echsenaugen böse anglotzte. Einen Moment lang verschlug es dem Ritter die Sprache. Dann aber machte er seinem Ärger in der gewohnten Weise Luft. Er fluchte so mordsmäßig, daß den Bauern, die gerade zur Kirche gingen, ein eisiger Schauer den Rücken hinunterlief.

,,Mein Sohn, was fehlt dir?" vernahm er hinter seinem Rücken plötzlich eine Stimme. ,,Was macht dich so wütend an diesem schönen Sonnentag?"

Der junge Lambton fuhr herum und gewahrte eine ältere Frau, die ihm irgendwie bekannt vorkam. Sie trug einen weiten Mantel aus grobem Stoff und hatte eine große, spitzige Nase. Beim genaueren Hinsehen erkannte er an ihren funkelnden Augen und an den zahlreichen Federchen in Haar und Kleidung, daß es sich um die weise Hühnerfrau vom Ginstermoor handelte.

,,Schau her", rief der Ritter übermütig und fuchtelte der Alten mit dem scheußlichen Reptil unter der Nase herum, ,,ich habe den Teufel höchstselbst gefangen."

Die Hühnerfrau spie ärgerlich vor ihm aus: ,,Pfui, damit spaßt man nicht, junger Herr! Höre, wenn dieses Untier nicht schnellstens wieder in den Fluß kommt und zum Meer schwimmen kann, wird ein großes Unglück über uns kommen!"

,,Ein Unglück – was faselst du, närrische Alte", lachte der Ritter übermütig und wandte sich von ihr ab.

,,Wirf's in den Fluß, bevor es zu spät ist!" wiederholte die Hühnerfrau eindringlich.

Aber der Ritter ließ sie stehen, nahm den Wurm mit in die Burg, wo er einigen Schabernack damit veranstaltete. Dann warf er ihn achtlos in einen nahegelegenen Brunnen und überließ ihn seinem weiteren Schicksal.

Ein Monat verging, ein zweiter, ein dritter . . . Der junge Lambton nahm Abschied von der heimatlichen Burg, um als Kreuzritter sein Glück im Morgenland zu suchen. An den Wurm dachte inzwischen niemand mehr. Er lag noch immer in dem tiefen Brun-

nenschacht – und wurde im Laufe der Zeit größer und größer. Bald konnte er seinen Schädel über den Brunnenrand erheben. Nicht lange, da war er aus dem Brunnen herausgewachsen. Er glitt über die gemauerte Umfassung und kroch zum nahegelegenen Fluß. Mühelos schwamm er zur Insel hinüber. Dort rollte er sich um den steilen Felsen, der dieses Eiland krönte, und verschlief den Rest des Tages.

Als sich die Nacht über das Land gesenkt hatte, erwachte der Wurm, und seine Augen begannen zu glühen. Ans jenseitige Flußufer kroch er nun, um dort seinen übermächtigen Hunger zu stillen. Er saugte den Kühen die Milch aus dem Euter, fraß Schafe und Ziegen, überhaupt alles, was ihm an Getier in den Weg kam. So trieb er's nun Nacht für Nacht und richtete im Laufe der Zeit in den Dörfern unübersehbaren Schaden an. Anfangs versuchten einige Bauern, dem Drachen mit Forken und Dreschflegeln sein räuberisches Handwerk zu legen. Aber alle bezahlten es mit dem Leben, denn der Lindwurm umschlang jeden und zerdrückte ihn wie eine eingeweichte Semmel.

Nachdem er die nördliche Ufergegend in eine Wüste verwandelt hatte, wandte er sich dem Südufer zu, wo die Burg der Lambtons stand. Dieses Ritternest war aus festem Stein gebaut, an dem sich schon mancher Angreifer die Zähne ausgebissen hatte. Gegen den Lindwurm jedoch boten die Burgwälle keinen sicheren Schutz. Und wer sollte sie auch verteidigen? Der junge Ritter weilte noch immer im Morgenland. Sein Vater aber, ein weißbärtiger Greis, hatte das Schwert schon längst an den Nagel gehängt.

Nicht lange, da verkündete der Turmwächter die Schreckensnachricht, daß sich der Lindwurm mit aufgerissenem Rachen auf die Burg zubewege. Der alte Lambton rief eilends alle Burgleute herbei, um über einen Ausweg aus dieser gefährlichen Lage zu beraten. Aber ach, die Angst lähmte ihnen die Gedanken. Niemand war in der Lage, einen vernünftigen Vorschlag zu machen.

Der Lindwurm kam immer näher, schon war das Rasseln seiner Hornschuppen zu hören. Die Pferde bäumten sich auf, die Hunde knurrten, die Männer wurden bleich wie Kalkmörtel, und die Frauen

weinten in ihre Schürzen hinein. Da endlich kam einem ein rettender Einfall!
,,Wenn wir den Lindwurm schon nicht bezwingen können, sollten wir wenigstens versuchen, ihn zu besänftigen", sprach der Burgvogt, ein alter, welterfahrener Mann. ,,Es ist ja die Freßgier, die ihn so wild macht. Wenn wir die Gefahr von uns abwenden wollen, müssen wir also seinen Hunger stillen."
,,Gut, aber was können wir ihm denn vorsetzen?" fragten die Leute. ,,Unsere Kühe vielleicht?"
,,Oder unsere Schafe?"
,,Nichts dergleichen!" erwiderte der Vogt. ,,Erinnert euch doch, was er sich auf seinen Raubzügen immer als erstes einverleibt hat: Milch, gewöhnliche Kuhmilch. Versuchen wir also, ihn mit Kuhmilch zu besänftigen!"
Der Vorschlag des Vogtes wurde bereitwillig aufgenommen. Die Mägde molken eilig die im Burgstall befindlichen Kühe. Man goß die warme, duftende Milch in einen Steintrog, der an der Zugbrükke stand. Dann verkrochen sich alle hinter den Mauern und harrten der Dinge, die nun kommen sollten.
Mit furchterregendem Brüllen und Schnaufen umrundete der Lindwurm indes den Burgwall. Er kam zur Brücke. Einen Augenblick trat völlige Stille ein. Dann vernahm man ein Geräusch, das alle aufatmen ließ, ein Schmatzen und Schlürfen, als wenn ein Schock Schweine am Trog stehe. Voller Begierde soff der Wurm die Milch in einem Zuge aus. Er leckte noch den Rahm vom Rand und zog sich dann satt und zufrieden auf seine Insel zurück.
Von nun an erschien das Ungeheuer jeden Abend am Eingang der Burg. Stand reichlich Kuhmilch bereit, war alles gut. Aber wehe, wenn er seinen Hunger nicht stillen konnte! Dann geriet er in helle Wut und schlug mit seinem Schwanz um sich, daß es nur so knallte.
Anfangs nahmen die Burgleute die Besuche des Lindwurms als das kleinere Übel hin, da er ihr Leben bisher verschont hatte. Aber der Drache wurde von Woche zu Woche größer und verlangte immer gewaltigere Mengen Milch. Bald war er so lang, daß er sich siebenmal um seinen Schlaffelsen wickeln konnte, und

soff die Milch von siebzig Kühen. Und wenig später hatte er solchen Appetit entwickelt, daß ihn sämtliche Kühe Englands nicht mehr sättigen konnten.
Da fiel er wieder in sein altes Räuberleben zurück. Nacht für Nacht suchte er die Dörfer heim. Weder Tier noch Mensch wurden verschont, und er verwüstete die südliche Ufergegend ebenso, wie er es mit der nördlichen getan hatte.
Drei Jahre später kehrte der junge Lambton zurück. Klüger und ernster war er im Laufe der Zeit geworden und nun vollends zum Mann gereift. Bestürzt stellte er fest, wie es um seine Ländereien stand. Die meisten Bewohner waren geflohen; öd und verlassen lagen die Höfe. Die Burg von Lambton glich einer Ruine. Sein Vater, krank und verzweifelt, ging wie ein Gespenst durch das verwaiste Gemäuer.
Als der Ritter nun erfuhr, daß alles das Werk jenes Wurms war, überkamen ihn Gewissensbisse mit solcher Macht, daß er keine ruhige Stunde mehr fand. Er vertraute sich seinem Vater an und bekam den Ratschlag, die weise Hühnerfrau vom Ginstermoor um Hilfe zu bitten. Sie hatte das Unheil vorausgesehen. Sie würde vielleicht einen Weg wissen, es wieder abzuwenden.
Nach langem Suchen fand er die Alte am Rande des Moors, in einer von Ginsterbüschen umgebenen Hütte. Sie sagte ihm, kaum daß er eingetreten war, manches harte Wort, weil er damals ihren wohlgemeinten Rat so leichtsinnig in den Wind geschlagen hatte. Da sie aber merkte, daß er den Fehler ehrlich bereute, sprach sie zu ihm: ,,Du willst wissen, was zu tun ist, um das Land von diesem Ungeheuer zu befreien? Nun, zwei Dinge sind es, die du beachten mußt. Lasse dir zunächst von einem guten Schmied deine Rüstung mit Speerspitzen beschlagen. Gehe nach Mitternacht auf die Insel im Fluß und kämpfe mit dem Lindwurm, wie es sich für einen Ritter ziemt. Wenn dich der Mut nicht verläßt, kannst du ihn durchaus bezwingen."
,,Alles werde ich tun", erwiderte der Ritter. ,,Aber sage mir noch, was ich als zweites erledigen muß?"

„Höre, falls du den Kampf siegreich bestehen solltest und zur Burg zurückkehrst, mußt du mit deinem Schwert das erste lebendige Wesen erschlagen, das dir entgegenkommt. Tust du es, so kann das Glück wieder einziehen in deine Burg. Falls du es aber versäumst, wird keiner der Herren von Lambton mehr friedlich in seinem Bett sterben."

Mit gekreuzten Fingern schwor der Ritter, die Gebote der Alten zu befolgen. Dann ließ er seine stählerne Rüstung von oben bis unten und ringsherum mit scharfen Speerspitzen spicken, ergriff sein gutes Schwert und ruderte mit seinem Knappen um Mitternacht zu dem gefürchteten Eiland hinüber.

Der Knappe blieb im Boot. Der junge Lambton stieg zu dem Felsen hinauf, um die Ankunft des Lindwurms zu erwarten. Bald schon sah er die gelbleuchtenden Augen des Ungeheuers übers Wasser gleiten, hörte sein Schnaufen und Prusten. Kaum hatte der Drache den Eindringling mit seiner scharfen Nase gewittert, stürzte er mit ungeahnter Schnelligkeit herbei. Der kalte Schlangenleib umwand den Ritter von den Füßen bis zum Hals, so daß er sich kaum auf den Beinen halten konnte. Die tödlichen Schlingen zogen sich enger und enger. Doch je fester der Drache sein Opfer umklammerte, desto tiefer drangen ihm die Speerspitzen ins Fleisch. Schwarzes, übelriechendes Blut rann aus allen Wunden und verfärbte das Wasser der Wear. Das Scheusal zuckte wild. Endlich gelang es dem Ritter, einen Arm freizubekommen und sein Schwert zu ergreifen. Mit einem Streich hieb er dem zuckenden Wurm den Schädel ab, der sogleich ins Wasser fiel. Dennoch versammelte der Lindwurm erneut alle Kräfte, schraubte sich fest um den keuchenden Mann, dem Hören und Sehen vergingen. Ein letztes wildes Aufbäumen noch. Dann erschlafften die Muskeln des Drachen. Er rollte sich langsam zusammen. Zischend versank er im Wasser des Flusses und wurde nie mehr gesehen.

Ans Ufer zurückgekehrt, schickte der Ritter seinen Knappen voraus, damit er einen der Hunde losmache, den er opfern wollte, um das Gebot der Hühnerfrau zu befolgen. Es dämmerte inzwischen. Der junge Lambton wankte, auf sein Schwert gestützt, durch den

Morgennebel zur Burg. Da vernahm er tappende Schritte in seiner Nähe. Eine Gestalt löste sich aus dem Dunst, bei deren Anblick der Ritter erstarrte. Sein alter Vater war's, der ihm mit ausgebreiteten Armen entgegenkam.

„Der Schwur, der Schwur . . .“, flüsterte der junge Lambton verzweifelt. Er erhob sein Schwert, ließ es aber sogleich wieder sinken. Damit war das Gelübde, das er der Frau vom Moor gegeben hatte, gebrochen.

Im nächsten Winter schon starb der alte Lambton – durch einen Sturz von der vereisten Treppe des Turms. Sein Sohn wurde bei einem späteren Kreuzzug von einem vergifteten Sarazenenpfeil gestreift.

Wie man erzählt, pflanzte sich dieses Schicksal durch viele Generationen fort. Der letzte Ritter von Lambton soll vor mehr als hundert Jahren in London von einer Lokomotive der Königlichen Eisenbahn überfahren worden sein.

Nach einem englischen Märchen

Im Drachenwald

Es war einmal ein Schmiedlerner, welcher Toni gerufen wurde. Obwohl er ein kluger und fleißiger Bursche war, bekam er von seinem Meister unentwegt Schelte.

Warum, wollt ihr wissen? Nun, außer Fleiß besaß der Schmiedlerner auch eine gehörige Portion Eigensinn. Sonntags, beispielsweise, wenn die anderen Dorfleute brav zur Kirche gingen, streifte Toni den lieben langen Tag im Wald herum, oder er stand in der Werkstatt, wo er sich ein eigenes Schwert schmiedete.

Darüber ärgerte sich der Meister derart, daß er ihm eines Tages drohte: ,,Falls es noch einmal passiert, daß du den Kirchgang versäumst, bist du den letzten Tag mein Lerner gewesen!"

Toni versprach zu gehorchen. Als am Sonntag darauf die Glocken läuteten, zog auch er seinen Festrock an. Kaum jedoch war der Meister aus dem Haus, kam ein Soldat und wollte seinen zerbrochenen Säbel sofort repariert haben. Da hängte Toni den Festrock an den Nagel, brachte den Blasebalg tüchtig zum Sausen und fing an zu schmieden, daß sein Ping und Pong durch das Dorf hallte. So mußte geschehen, was sein Lehrherr ihm angekündigt hatte. Als er aus der Kirche zurückkam, setzte er ihn mit großem Geschrei vor die Tür. Toni hielt keine Widerrede, wußte er doch, daß er das harte Herz des Meisters nicht umstimmen konnte. Wortlos schnürte er sein Bündel, gürtete sein drei Mal gehärtetes

Schwert und wanderte aus dem Dorf hinaus. Durch Heide und Wald zog er, überquerte sieben Berge und sieben Flüsse und sah sich in sieben Städten nach Arbeit um, ohne das Rechte zu finden. Als er wieder einmal nach einem Broterwerb fragte, wiesen ihn die Leute zu einem einsam gelegenen Gehöft und erzählten, daß dort ein Hütebube gesucht werde. ,,Aber überleg es dir gut", sprachen sie warnend, ,,es ist kein leichtes Hüten dort, weil ein verwunschner Wald in der Nähe ist."

Der Gedanke an diesen Wald machte Toni nicht bang, und er lenkte seine Schritte erwartungsvoll zu dem einsamen Hof. Dort traf er einen Alten, der war auf einem Auge blind und konnte auch mit dem anderen nicht viel sehen. Der Alte begrüßte Toni freundlich, gab ihm reichlich zu essen und bot ihm ein gutes Bett zum Schlafen an.

Am anderen Morgen weckte er ihn in aller Frühe und zeigte ihm die Herde. Dabei sagte er: ,,Wenn du das Hüten übernimmst, will ich dich wie einen Sohn halten und außerdem ordentlich bezahlen. Überall kannst du die Tiere hinführen, doch meide den Wald, der an die Weiden grenzt! Schon mancher tüchtige Hirt hat der Versuchung nicht widerstehen können, aber keiner von ihnen ist zurückgekehrt."

In der ersten Zeit hielt sich Toni streng an die Worte des Alten. Als die Wiesen aber kahlgefressen waren und die Tiere immer stärker nach dem saftigen Gras des Waldes drängten, konnte er seinen Tatendrang und vor allem seine Neugier nicht mehr zügeln. Was kann dir schon geschehen, sagte er sich. Du hast ja dein dreifach gehärtetes Schwert. Und er stieg mit der Herde hinauf in jenen geheimnisvollen Forst.

Ach, war's da herrlich still! Die Bäume glänzten wie blankes Kupfer. Prächtiges Futter stand auf den Lichtungen, so daß Toni kaum auf die Schafe achten mußte. Er streckte sich wohlig auf einem Moospolster aus, das weicher war als des Königs Daunenbett, und schaute den ziehenden Wolken nach.

Wie er nun eine Weile gelegen hatte, ging plötzlich ein Rauschen durch die Äste, und die Glocken der Tiere schellten wild durcheinander. Toni sprang auf. – Ein dreiköpfiger Drache kam schnaufend durch den Tann und brüllte ihm entgegen: ,,He, Menschenkind! Kein Vöglein wagt, meinen Wald zu beschmutzen, du aber kommst mit einer stinkenden Schafherde daher. Das sollst du mir büßen! Willst du dich mit mir schlagen, oder wollen wir ringen?"

,,Ringen", rief Toni kurzentschlossen.

Gleich packte ihn der Drache an der Hüfte, hob ihn hoch in die Luft und stauchte ihn so in den Erdboden, daß er bis zu den Knien darin versank. Toni aber hatte indes sein Schwert gezogen und hieb dem Ungetüm alle drei Köpfe auf einmal ab. Nun wußte er, daß er sich auf seine Waffe verlassen konnte, und er strich zufrieden über den blanken Stahl.

Die Herde weidete noch bis zum Abend. Als der Junge sie in der Dämmerung nach Hause trieb, nahm er die Drachenschädel mit und steckte sie auf die Zaunpfosten des Gehöfts.

,,Was hast du Schönes mitgebracht?" wollte der Alte wissen.

,,Ach nichts, nur die Köpfe von ein paar Füchsen, die ich im Wald gejagt habe", antwortete Toni, um seinen Herren nicht unnütz zu beunruhigen.

Aber der Alte wackelte sorgenvoll mit seinem Kopf. ,,Lieber Junge, lauf nicht mehr in den Wald! Es wird dir übel ergehen, wenn du meinen Rat nicht befolgst. Also sei brav und höre auf mich!"

,,Schon recht", brummte Toni. Als aber am nächsten Tag das Morgenrot durch die Bäume schimmerte, dachte er jedoch: Ach was, ein Löffel voll Tat ist besser als ein Faß voll Rat! Und er zog – voll Neugierde – noch tiefer in den verbotenen Tann hinein.

Als er den Kupferwald durchschritten hatte, wechselte die Farbe der Bäume. Blätter und Geäst, alles blinkte im Sonnenlicht wie reines Silber. Föhren sah er, deren glänzende Wipfel bis zu den Wolken reichten. Zwischen den Wurzeln sprang ein Bach dahin, in dem sich munter Forellen tummelten.

Toni wußte vor Staunen nicht aus noch ein. Doch plötzlich schienen die Wasser stillzustehen. Erschrocken stob die Herde ausein-

ander. Ein sechsköpfiger Drache näherte sich und brüllte, daß die Erde bebte: ,,He Menschenkind! Kein Vöglein wagt, meinen Wald zu beschmutzen, du aber kommst mit einer stinkenden Schafherde daher. Das sollst du büßen! Willst du dich mit mir schlagen oder wollen wir ringen?"
Der Schmiedlerner ließ sich nicht bange machen.
,,Ringen", sagte er wieder.
Wie beim ersten Mal wurde er in die Luft gehoben. Der Sechskopf war aber noch stärker als sein Bruder und stieß ihn bis zur Hüfte in die Erde. Erst im letzten Moment zog Toni sein blankes Schwert. Es blitzte auf – und alle sechs Drachenschädel rollten zu Boden.
Als Toni sie am Abend zu den übrigen auf die Zaunpfosten steckte, fragte der Alte: ,,Herrje, was ist das wieder?"
,,Sechs Köpfe von wilden Böcken, die ich im Wald gejagt habe", antwortete der Junge.
,,Ach Junge, geh nicht mehr hinauf in den Wald", flehte der Alte. ,,Ich habe dich ins Herz geschlossen wie einen Sohn. Wenn ich dich verlöre, würde ich vor Gram sterben."
Toni beruhigte den Alten. Sein Tatendrang indes war nicht zu zügeln. – Am anderen Tag lief er dorthin, wo der Drachenwald noch dichter und stiller war, und wo alles, bis auf die kleinste Knospe, aus purem Gold bestand.
Dort kam ein zwölfköpfiger Drache angebraust, der brüllte so laut, daß ringsum die Sträucher welkten und die Tannen ihre goldenen Nadeln fallen ließen.
,,He, Menschenkind! Kein Vöglein wagt, meinen Wald zu beschmutzen, du aber kommst mit einer stinkenden Schafherde daher. Das sollst du büßen! Willst du dich mit mir schlagen, oder wollen wir ringen?"
Bislang hatte der Schmiedlerner keinerlei Angst verspürt. Beim Anblick des Zwölfköpfigen wurde ihm jedoch etwas mulmig zumute. Oje, der stößt dich samt Schwert und Scheide bis zu den Ohren ins Erdreich, dachte Toni. Deshalb entschied er sich diesmal fürs Schlagen. Kaum hatte der Junge es ausgesprochen, da

versetzte ihm der Drache mit seinem Schweif einen solchen Hieb, daß er zehn Klafter entfernt auf einem Baum landete. Alle Knochen taten ihm weh, wie man sich denken kann. Er schüttelte sich dreimal, dann kletterte er den Baumstamm hinab. Unten schnaubte ihm das Ungetüm schon entgegen.

Na warte! Mit einem gewaltigen Sprung schwang sich Toni auf den Rücken des Drachen, erhob sein Schwert und trennte ihm acht Köpfe vom Rumpf. Das Untier bäumte sich brüllend auf. Nun wollte ihm der Junge den Todesstoß versetzen. Aber o Schreck! Er hatte den Hieb noch nicht geführt, da waren die abgeschlagenen Köpfe schon wieder nachgewachsen.

Beim nächsten Schlag rollten erneut acht Köpfe zu Boden. Doch bevor er auch die restlichen abhauen konnte, hatte der Drache wieder alle zwölf beisammen. Es war zum Verzweifeln! Hin und her ging der Kampf, bis der Abend nahte. Erst als die Sonne untergegangen war, verlor der Drache an Kraft, während die des Jungen, der um sein Leben kämpfte, noch wuchs. Und endlich streckte er das grausige Ungeheuer mit einem mächtigen Schwertstreich nieder.

Toni vermochte sich kaum noch auf den Beinen zu halten. Mit letzter Kraft trieb er seine Herde zusammen und schleppte die Drachenschädel zum Hof des Alten. Diesmal beschwichtigte er seinen Herrn mit der Ausrede, es seien Köpfe von Wildschweinen, die er zum Zeitvertreib gejagt habe.

An diesem Abend fiel Toni totmüde ins Bett, doch als die Morgensonne den Jungen weckte, brannten seine Augen schon wieder vor Abenteuerlust. Er ließ die Herde auf dem Pferch und trieb sie durch den kupfernen, silbernen, goldenen Drachenwald, bis er auf eine Lichtung gelangte, wo ein aus großen Steinen gefügtes Haus stand. Dort wurde Toni bereits erwartet.

„Komm, komm herein. Ich will dir etwas zeigen", lockte ihn die Drachenmutter mit krächzender Stimme. Toni ging ihr langsam entgegen. Es war eine alte Hexe mit roten, tränenden Augen. Sie führte ihn in einen Gang, von dem mehrere Türen abgingen.

Hinter der ersten Tür lag der tote Dreikopf.

„Das war mein Jüngster", krächzte die Hexe, und ihre Augen funkelten böse.
Hinter der zweiten Tür lag der Sechsköpfige.
„Das war mein Mittlerer", sprach die Drachenmutter, wobei ihre Kinnladen knackend aufeinanderschlugen.
Sie kamen zur dritten Tür.
„Da liegt mein Ältester", rief die Alte, und ihre kralligen Hände streckten sich nach dem Schmiedlerner aus. Im selben Augenblick öffnete sich eine verborgene Tür, die hinab ins Dunkle führte. „Und dort unten wirst du liegen, bis die Raben weiß werden", kreischte sie und wollte ihn hinabstoßen. Toni warf sich zur Seite, zog das Schwert, um sich seiner Haut zu wehren. Er glaubte, leichtes Spiel mit der Alten zu haben. Es war jedoch, als ob er mit seiner Waffe gegen eine unsichtbare Wand schlage. Die Hexe kicherte tückisch und streckte erneut ihre Krallen aus, um Toni zu greifen. So jagten sie lange durch das Drachenhaus, treppauf, treppab und rundherum.
Erst als die rechte Hand des Jungen ermüdet war, und er das Schwert in die linke nahm, wendete sich das Blatt. Urplötzlich war die hinterlistige Alte wie verwandelt, wurde ganz zahm, zitterte und flehte: „O weh, halt, halt ein! Steck dein Schwert weg, mein Goldsöhnchen! Verschone eine arme alte Frau, es soll dein Schaden nicht sein."
Verdutzt hielt der Jüngling inne, denn er wußte nicht, daß er mit dem Schwert in der Linken die Drachenhexe nur leicht zu berühren brauchte, um sie aus der Welt zu schaffen.
„Verschone mich", winselte sie, „ich will dir auch die Herrschaft über den kupfernen, silbernen und goldenen Wald geben."
„Die habe ich sowieso, seit ich den Wald vom Drachengesindel gereinigt habe", erwiderte Toni stolz.
„Oder ich lehre dich, wie man auf einem Besen reitet."
„Bleib mir mit deinen Hexenkünsten vom Leibe! Wenn ich schon reite, dann auf einem tüchtigen Pferd."
„Ich könnte dir aber auch verraten", sprach sie schließlich, „wie

du den Alten, in dessen Haus du wohnst, wieder sehend machen kannst."

Bei diesen Worten merkte der Schmiedlerner auf. Er ließ sein Schwert sinken, ohne es aus der Hand zu legen. „Nun gut, sprich!" Die Drachenmutter atmetete erleichtert auf und zog sich in die dunkelste Ecke des Raumes zurück. „Hinter diesem Haus steht ein Eichbaum", flüsterte sie. „Gräbst du im Schatten seiner Äste ein tiefes Loch, wirst du bald auf einen großen Stein stoßen. Auf diesem Stein sitzt eine gelbe Kröte. Nimm sie, bestreiche mit ihr die Augen deines Herrn, und du wirst mir immer dankbar sein. – Aber sieh dich vor", warnte sie, „daß die Kröte nicht auf den Boden fällt!"

Toni nickte und wandte sich zum Gehen. Auch die Hexe wollte die Kammer verlassen. Versehentlich streifte er mit seinem Schwert ihren Rocksaum. Da zuckte ein Blitz, da rollte ein Donner – und von der Drachenmutter war nur ein Häuflein Staub übriggeblieben.

Als der Jüngling vor das Haus trat, war auch der goldene Glanz des Waldes verschwunden. Im ersten Moment bedauerte er den Verlust all der Pracht, doch dann erinnerte er sich des Rezeptes, das die Hexe ihm verraten hatte. Eilends lief er zu dem Eichbaum, schachtete eine Grube aus, auf deren Grund er tatsächlich den Stein mit der Kröte fand. Vorsichtig nahm der Schmiedlerner das kleine Tier in die Hand und trug es nach Hause. Dort mußte sich der Alte auf einen Schemel setzen, und Toni strich ihm mit der glitschigen Kröte über die Augenlider. Der Alte murrte erst, denn er hielt es für einen Schabernack. Aber dann!

Taghell wurde es plötzlich um ihn herum. Er konnte die Blumen im Garten sehen, den Himmel, Tonis Gesicht . . . Wie glücklich war der Alte! Und wie freute sich Toni! – So sehr, daß er gar nicht bemerkte, wie die Kröte seiner Hand entglitt und auf den Estrich fiel. – Kaum hatte sie den Boden berührt, da stand an ihrer Stelle ein Mädchen, das trug ein perlenbesticktes Kleid, und ihr Haar war mit einem blitzenden Krönlein geschmückt. Das Mädchen spreizte die Arme zur Seite, vollführte einen zierlichen Knicks und sprach: „Ich danke dir, tapferer Jüngling, daß du mich von der abscheulichen Krötenhaut befreit hast. Wisse, ich bin eine Königstochter. Vor etlichen Monden hat ein zwölfköpfiger Drache mich aus meinem Garten entführt und in sein Haus geschleppt. Dort sollte ich seine Frau werden, doch war mir das Ungeheuer viel zu häßlich und grausam. Da ich mich standhaft weigerte, verwandelte mich die Drachenmutter in eine Kröte. In dieser Gestalt mußte ich den Drachenschatz bewachen, der unter dem großen Stein verborgen liegt. Nun endlich ist mein Befreier gekommen! Lieber Jüngling, wenn du möchtest, werde ich meinen Vater bitten, daß er mich dir zur Frau gibt."

Die Prinzessin schaute Toni so verliebt in die Augen, daß jeder andere sie sogleich hoch zu Roß zum Hochzeitsfest ins Schloß geleitet hätte. Aber unser Schmiedlerner, dieser eigensinnige Kerl, schaute nur aus dem Fenster, wo droben am Himmel die Wolken zogen, und sprach kein einziges Wort.

„Was denn, magst du mich etwa nicht?" fragte die Prinzessin leise.

Toni schüttelte den Kopf: „Das schon. Aber bevor ich heirate, möchte ich mir erst die Welt ansehen und mir einen schönen Schnurrbart wachsen lassen."

„Nun gut", sprach die Prinzessin, „so werde ich eben warten, bis du zurückkehrst, und wenn es hundert Jahre dauern sollte."

Nachdem der Jüngling den Drachenschatz gehoben und dem Alten in Verwahrung gegeben hatte, begleitete er die schöne Prinzessin, wie es sich gehört, zum Königsschloß. Mit großem Jubel wurde sie dort empfangen. Toni jedoch hielt es nicht lange aus im Schloß. Am nächsten Tag sattelte er das schönste Pferd und füllte sich die Taschen mit Geld. Dann ritt er hinaus in die weite Welt und ließ sich den Wind um die Nase blasen.

Nach einem deutschen Märchen

Wie der Hase König wurde

Vor langer, langer Zeit trieb im Urwald das Ungeheuer Bulele sein Unwesen. Groß wie eine Riesenpalme war's, sein Auge leuchtete wie eine Laterne und sein Maul klaffte so weit, daß es einen Büffel samt Hörnern mit einem Haps verschlingen konnte. Unersättlich war dieser Drache. Keine Tierfamilie lebte im weiten Busch, die er nicht heimgesucht hatte, und auch die Menschen verschonte er nicht. Wer zählt die Fische im Fluß, die Schlangen im Gras und die Vögel im Wind – ebenso war es mit den Opfern, die Bulele auf dem Gewissen hatte: Niemand vermochte sie zu zählen. Immer mehr leerten sich die Hütten. Das Dorf erstarb. Bis schließlich nur noch ein einziger Mensch übrig geblieben war.
Der Glückliche! – er allein war dem gefräßigen Ungeheuer entronnen. Der Unglückliche! – ein Kind war er ja noch, ein Junge, kaum in der Lage, sich seiner Haut zu wehren. Er hatte von seinen Eltern den Namen Rotbauch erhalten, da ihm am Tage seiner Geburt eine saftige rote Frucht auf den schwarzen Bauch gefallen war. Als Rotbauch sah, daß er mutterseelenallein auf der Welt stand, nahm er den Speer seines Vaters, steckte ein Messer zu sich, vergaß auch die glänzenden Halsreifen und die Kette von Krokodilzähnen nicht. Dann zog er Lendenschurz und Schultertuch fest und ging in die taugrüne Wildnis hinein.
Bald traf er eine Schar Paviane, die auf ihrer Kaffeeplantage arbei-

tete. „Seid gegrüßt, Brüder", rief Rotbauch, „kennt ihr den Weg zum Löwen?"
„Was willst du vom Baga?"
„Ihn bitten, Bulele aus der Welt zu schaffen, denn das Scheusal hat mich zur Waise gemacht."
Als die Affen das vernahmen, hießen sie den Jungen freudig willkommen, denn Bulele war auch ihr Todfeind. „Natürlich zeigen wir dir den Weg, nur hilf uns erst ein wenig beim Kaffeepflükken." Rotbauch ließ sich nicht lange bitten. Bis sich die Sonne zur Nacht verabschiedete, füllte er Korb um Korb. Dann aß er mit seinen Gastgebern. Am nächsten Morgen rieten sie ihm, immer am linken Flußufer entlang zu gehen.
Einen halben Tag war der Junge gewandert, als er einige Ziegen sah, die Nüsse von den Ölpalmen ernteten. Auch die Ziegen hatten eine Rechnung mit Bulele zu begleichen. Sie meckerten deshalb freudig, als sie von Rotbauchs Vorhaben hörten. „Morgen helfen wir dir weiter", sprach die Älteste, „doch geh uns heute bei der Ernte zur Hand." Rotbauch arbeitete ohne Pause bis zum Abend. Die Ziegen bedankten sich und schickten ihn tags darauf, mit vielen guten Wünschen versehen, zu den großen Termitenhügeln.
Dort fand er eine Schildkrötenfamilie, die unter lautem Stöhnen und Ächzen ihren Acker umgrub. Sie klagten dem Jungen ihr Leid: Bulele hatte unlängst drei ihrer Frauen geraubt. Nun mußten sich die übrigen allein mit der schweren Arbeit plagen. Auch die Schildkröten begrüßten, daß dem Treiben des Ungeheuers endlich ein Ende bereitet werden sollte. Rotbauch half beim Umbrechen des Feldes. Tags darauf führte ihn eine der Gepanzerten in die Nähe des Königshauses.
Es dauerte nicht lange, da stand Rotbauch wahrhaftig vor dem großmächtigen Baga. Der lag auf einer farbenprächtigen Matte in der Tür. Die Morgensonne wärmte ihm das Fell. Seine Frauen verwöhnten ihn mit gebackenen Bataten, leckeren Fleischbrocken und Palmwein. Hin und wieder nahm er eine Prise Schnupftabak. „Sei gegrüßt, Onkelchen", sprach Rotbauch und trug dem Baga

unverzagt sein Anliegen vor. Er beschrieb das Drachenungeheuer und erzählte von dessen Untaten, die Mensch und Tier mit Schrecken erfüllten. Anfangs nahm der Löwe von Rotbauch keinerlei Notiz. Doch der Junge schilderte Buleles Untaten so eindringlich, daß er allmählich hellhörig wurde. Nun sprang er sogar auf. Ha-a-atschi-i! Er nieste, daß ringsum die Hütten wackelten. „Wie? Was? Er verschlingt meine Untertanen, dieses schmutzige Ungeheuer?“ Der Löwe schnitt furchterregende Grimassen und ließ seine Muskeln spielen. „Oh, ich zerreiß' es, ich zertret' es, ich mach' es zu Kuhdung!“ Erwartungsvoll sah Rotbauch, daß sich der Löwe seine Waffen bringen ließ, drei mächtige Speere und ein Dutzend schwere Jagdmesser. Schon wollte der Baga losstürmen, um Bulele den Garaus zu machen. Doch er zögerte noch, wandte sich wieder an den Jungen: „Wie groß ist dieses verdammte Ungeheuer, sagtest du?“ Seine Stimme bebte ein wenig.
„Wie eine Riesenpalme, Onkel“, rief Rotbauch und wies mit den Händen auf den größten Baum, der zu sehen war.
„Und sein Auge?“
„Es leuchtet wie eine Laterne. Ich hab's selbst gesehen!“
„Und sein Maul ist wirklich . . .“
„Wirklich und wahrhaftig – so weit, daß es sogar einen Elefanten unzerkaut hinunterschlucken kann!“
Rotbauch hoffte, daß der Löwe nun endlich in den Kampf ziehen würde. Doch was war das? Nein, seine Augen trogen ihn nicht! Der Baga zitterte wie ein Schilfhalm im Wind. Er warf seine Waffen in die Ecke und ließ sich wieder auf der Matte nieder.
„Ist dir nicht wohl, Onkelchen?“ fragte Rotbauch besorgt.
„Hm, mir fällt eben ein, daß ich heute geschäftlich zu meinem Oheim reisen muß“, brummte der Löwe. „Geschäft ist Geschäft, da kann man nichts machen! Den Drachen nehm' ich mir eben ein andermal vor.“
„Aber Onkelchen, Starker, du wirst uns doch nicht diesem Ungeheuer überlassen!“
„Genug, genug! Wie kannst du es überhaupt wagen, mich fortwährend Onkelchen zu nennen, kleiner Schurke“, fauchte der Ba-

ga böse. ,,Scher dich fort, sonst werde ich dich für deine Unbotmäßigkeit noch bestrafen!"
Was sollte man dazu sagen, was tun? Am Ende machte er seine Drohung wahr. Rotbauch gab Fersengeld. Er lief und lief und verkroch sich schließlich bitter enttäuscht im dunklen Lianendikkicht. Die Welt brach über ihm zusammen, die Sonne verlosch, die Urwaldriesen stürzten auf ihn nieder . . .
Eine ganze Weile lag er so. Dann spürte er plötzlich, wie ihn eine kleine kühle Schnauze in den Nacken stupste. Aromo, der Hase, saß neben ihm und fragte besorgt: ,,Was hast du, Kleiner?"
Der unglückliche Rotbauch stieß ihn zurück. ,,Ach, troll dich! Nach Hasengeschwätz ist mir heute nicht zumute. Wem der Baga nicht helfen kann, dem ist nicht zu helfen."
,,Hoppla, was redest du da! Das käme auf einen Versuch an."
Rotbauch winkte müde ab. ,,Kannst du es etwa mit Bulele aufnehmen?" Und er erzählte dem Hasen, was ihm widerfahren war.
Aromo klopfte sich großspurig auf die Brust. ,,Ei, wenn ich's mir recht überlege – ich bin heut wahrlich in der Stimmung, diesem gefräßigen Fettwanst – f-f-f-t – das Lebenslicht auszublasen!"
,,Wa-a-a-as, du, der du nicht mal einen richtigen Schwanz hast! Ich glaube, du hast den Verstand verloren."
,,Und wenn schon! Ich will dir helfen. Und was ich mir vornehme, führe ich auch aus."
,,Steh mir bei, Großer Geist! Wie willst du das anstellen?"
Der Hase, der in seiner kleinen Zehe mehr Verstand hatte als manch großes Tier im Kopf, sprach: ,,Gib mir deinen Speer, das Messer und den Schmuck. Das andere laß meine Sorge sein."
Rotbauch tat wie ihm geheißen. Aromo putzte sich als Krieger heraus. Dann zogen die beiden Buleles Behausung entgegen, und der Hase sang mit quäkender Stimme:

,,He-ho! Ich ziehe in den Kampf!
He-ho! Ich ziehe in den Kampf!
Mit meinen starken Armen
werd ich dich zermalmen!
Bulele, Bulele, fürchte dich!"

Jeder, der dem wunderlichen Paar begegnete, schüttelte den Kopf. ,,Wie? Gegen Bulele wollt ihr kämpfen? Ihr müßt völlig übergeschnappt sein.“ Aromo lachte die Zweifler aus und sang sein Lied. Dem Jungen jedoch wurde unbehaglich zumute, als sie sich Buleles Gegend näherten. Am Rande des Sumpfes blieb er stehen. ,,He Aromo, die Leute haben recht. Es hat keinen Sinn, Bulele ist stärker als wir. Laß uns lieber umkehren.“

,,Papperlapapp, denk an deine Brüder, die er auf dem Gewissen hat“, fuhr ihn der Hase an.

,,Ich habe aber Angst.“

,,Dann sing einfach mit!

Nun sangen sie zu zweit, das klang gar nicht schlecht:

,,He-ho! Wir ziehen in den Kampf!
He-ho! Wir ziehen in den Kampf!
Mit unseren starken Armen
werden wir dich zermalmen!
Bulele, Bulele, fürchte dich!“

Rotbauch fühlte sich besser. Dennoch war er froh, daß Aromo das letzte Stück allein gehen wollte. Der Junge verbarg sich hinter einem dicken Baumstamm. Aromo hingegen spazierte dem Schlafplatz des Ungeheuers entgegen, als ob er auf dem Dorfplatz sei. Weithin war das Klirren seiner Halsreifen zu hören. Dann stimmte er lauthals sein Kampflied an:

,,He-ho! Ich ziehe in den Kampf!
He-ho! Ich ziehe in den Kampf!
Mit meinen starken Armen
werd ich dich zermalmen!
Bulele, Bule . . .“

Weiter kam Aromo nicht. Das greuliche Tier streckte seine Zunge heraus und schluckte den Hasen samt Speer und Messer. Und es verschluckte auch den Rest des Liedes.

Rotbauch sah's mit Entsetzen. Er schlug die Hände vor das Gesicht. Doch kurz darauf vernahm er einen dumpfen Schlag, der den Waldboden erschütterte. Und siehe da! Das Ungeheuer war

niedergestürzt wie ein gefällter Baum und streckte alle Viere von sich. ,,Bulele ist tot!" Rotbauchs Ruf schwang sich zu den Bäumen empor. Die Bäume raunten es den Vögeln zu. Die Vögel sagten es dem Wind. Der Wind trug die Botschaft ins weite Land. Und nicht lange, da kamen viele Tiere gelaufen. Auch der Baga eilte herbei. Sie bestaunten das tote Ungetüm und fragten verwundert: ,,Wie ging das zu?"
Im selben Moment durchstieß ein Messer Buleles Bauch. Größer und größer wurde das Loch. Und wer kam zum Vorschein? Aromo, der Hase. Er war nicht allein. Dem Hasen folgte ein Affe, den Bulele unlängst verschlungen hatte.
,,Hi, hi, wer hat mich gerettet?" fragte er. Dann flatterte ein Perlhuhn ans Tageslicht. ,,Kilkal, kilkal, wer ist mein Retter?" Es folgten Büffel und Antilopen, Schildkröten und Leoparden, Zebras und Papageien, Kinder, Männer und Frauen. Auch Rotbauchs Leute waren dabei. Alle wollten wissen, wem sie ihr Leben verdankten, denn im Bauch des Drachen war es so finster gewesen, daß sie Aromo nicht gesehen hatten.
Da kletterte Rotbauch auf den Kopf des Ungetüms, rief Mensch und Tier zu sich und berichtete, was geschehen war. Nichts vergaß er, auch nicht seine Begegnung mit dem Baga. Und mit begeisterten Worten lobte er Aromo. Als alle von der tapferen Tat des Hasen gehört hatten, beschlossen sie, Aromo zum König zu wählen. Und so geschah es auch. Der Löwe mußte sich, ob er nun wollte oder nicht, dem Urteil beugen. Brummend lief er in die Wüste. Die anderen aber weinten vor Freude und feierten ein fröhliches Fest.

Nach einem afrikanischen Märchen

Der knöcherne Palast

Im fernen Zarenreich lebte einmal ein Bauer, der hatte drei Töchter. Mascha und Gruscha hießen die beiden älteren. Die jüngste der Schwestern wurde Warja gerufen. Dortzulande trieb auch ein Drache sein Unwesen, ein bejahrter Geselle schon, dessen Feuer nicht mehr recht lodern wollte. Einst war er der Schrecken des Landes gewesen, hatte die Städte und Dörfer geplündert und Gold, Silber und schöne Mädchen massenweise in seinen Palast geschleppt. Doch nun war er alt geworden und vermochte sein Räuberleben nur noch mit allerlei Tricks zu fristen, durchtrieben und schlau wie er war.

Eines Tages kam der Bauer übelgelaunt vom Feld und sprach zu seiner Frau: „Warum schickst du mir kein Mittagessen hinaus? Ich pflüge von früh bis spät und habe mächtigen Hunger. Morgen soll mir die Älteste etwas zum Beißen bringen."

Mascha war von diesem Auftrag nicht angetan. „Wie kann ich dir Essen bringen", sprach sie, „ich weiß ja gar nicht, wie ich dein Feld finden soll."

„Wirst es schon finden", erwiderte der Bauer. „Wenn ich hinausgehe, werd ich einen Stock schnitzen. Du brauchst also nur den Spänen zu folgen."

Nun gut, sie mußte sich fügen. Am nächsten Tag packte die Mutter warme Plinsen in einen Sack, legte die Kwasflasche dazu und ermahnte das Mädchen, nicht von der Spur abzuweichen. Mascha hielt sich auch daran. Aber was half es! Inzwischen hatte der Drache alles erfahren und die Späne so gelegt, daß sie geradewegs in sein Schloß führten. Mascha sprang über den Graben, lief durch das Birkenwäldchen, kam in die wilde Steppe hinein. Sie lief und lief. Es dunkelte schon, ihre Beine schmerzten, doch vom Vater war nichts zu sehen. Als sie noch ein, zwei Werst weitergelaufen war, erblickte sie endlich einen fernen Lichtschein. Sie kam zu einem seltsamen Palast, ganz aus Knochen gebaut. Froh, endlich eine menschliche Behausung gefunden zu haben, trat sie ein: Dort saß der Drache beim Abendbrot.

Ohne ein Wort zu reden, verschlang das Ungeheuer einen Kessel Fleischsuppe, dreißig gebratene Enten, einen halben Mastochsen, drei Kuchen und zwei Fässer Met. Dann rülpste er mehrmals, holte den Samowar herbei und sagte: „Komm, trinken wir Tee."

Eiskalt lief es Mascha über den Rücken.

„Ich mag nicht", flüsterte sie.

Da brüllte er: „Ich sage dir, wir trinken jetzt Tee!"

Aus lauter Angst setzte sich Mascha an seinen Tisch.

Nach dem Teetrinken legte man sich schlafen. Das heißt, der Drache schlief, Mascha aber bekam kein Auge zu. In aller Frühe stand sie auf, um fortzugehen. Der Unhold war jedoch schon auf den Beinen. „Wohin willst du? Von heute an bist du meine Frau und sollst das Haus in Ordnung halten", sagte er. Er gab ihr die Schlüssel. „Du kannst in sämtliche Zimmer gehen, doch merke dir, daß du in der Kammer am Ende des dunklen Ganges nichts zu suchen hast!"

Dann ritt der Drache auf seinem dreibeinigen Pferd davon. Mascha ging indes durch alle Zimmer, denn sie war neugierig, wie ein Drachenpalast wohl eingerichtet sei. So gelangte sie auch in jenen Gang, wo die verbotene Kammer war. Da wurde die Neugierde gar zu groß. Sie öffnete das Schloß und trat ein. Es waren aber nur ein paar Fässer zu sehen, hölzerne Fässer mit Deckeln darauf. Mascha hob den ersten Deckel hoch und steckte ihren Finger hinein. Wie sie ihn wieder herauszog, war er völlig mit Gold überzogen.

Das Mädchen erschrak und versuchte das Gold abzuwischen. Aber es haftete fest, sie konnte sich ihren Finger nur mit einem Läppchen verbinden.
,,Liebe Frau, was hast du mit deiner Hand gemacht?" fragte der Drache, als er nach Hause kam.
,,Hab' Rüben geputzt, hab' mich geschnitten!" antwortete Mascha.
,,Zeig doch mal her."
,,Nein, nein, es tut weh."
Aber der Drache nahm Maschas Hand, zog die Binde vom Finger.
,,Ach, du belügst mich", brüllte er, erschlug sie und schleuderte sie hinter die Fässer in der Kammer am Ende des dunklen Ganges.
Als der Bauer vom Feld kam, stellte er seine Frau zur Rede, weshalb er wieder nichts zu essen bekommen hatte.
,,Schau einer an! Ich habe die Älteste doch zu dir geschickt", verteidigte sich die Mutter. ,,Wenn sie nicht bei dir angekommen ist, hat sie sich gewiß verlaufen."
,,Je nun, sie wird schon wiederkommen! Morgen will ich auf jeden Fall mein Mittagessen haben. Schick mir die Mittlere. Dieses Mal werde ich eine Aschenspur streuen."
Wie gesagt, so getan. Tags darauf nahm der Bauer den Aschensack und zeichnete damit den Weg. Aber der Drache hatte wieder Wind bekommen, und er blies die Spur zu seinem Palast. Gruscha lief und lief, über den Graben, durchs Birkenwäldchen, in die wilde Steppe hinein. Es war schon stockfinstere Nacht, als sie zum knöchernen Palast gelangte. Vielleicht ist mein Vater darin, dachte das Mädchen. Sie klopfte an, trat ein – doch wer saß da: der alte Drache.
Nachdem er sein Mahl beendet hatte, mußte Gruscha Tee mit ihm trinken. Dann wies ihr der Drache ein Nachtlager zu. In der Frühe, beim Aufstehen, sagte er zum Mädchen: ,,Von jetzt an bist du meine Frau. Hier sind die Schlüssel. Fege alle Zimmer ordentlich aus. Nur in die Kammer am Ende des dunklen Ganges sollst du nicht gehen!" Sprach's und ritt eilig davon.
Gruscha besah sich neugierig sämtliche Zimmer und Zimmerchen

des Drachenhauses. Schränke und Betten, Türen und Tische, alles war aus Knochen gefertigt.
Wie ihre Schwester konnte auch sie nicht der Verlockung widerstehen, einen Blick in das verbotene Gemach zu werfen. Sie tunkte einen Finger in das Faß, wobei dieser sich ganz mit Gold überzog. Was nun? Um den Drachen versöhnlich zu stimmen, fegte und putzte sie die Drachenbehausung, bis alles glänzte, braute Bier, brannte Schnaps, kochte feines Essen. Das Untier ließ es sich zunächst auch gefallen. Doch als alles verzehrt war, fragte es: „Bist du in der Kammer gewesen?“ und ließ sich den Finger zeigen. Wie es den goldenen Glanz entdeckte, sprangen Zornfunken aus seinem Gesicht, und Gruscha mußte das gleiche Schicksal wie ihre Schwester erleiden.
Indessen standen im Hause der Eltern die Fahnen auf Sturm. Wieder war der Bauer mit knurrendem Magen vom Feld gekommen und schalt seine Frau. „Oje, jetzt ist schon die zweite Tochter fort und kehrt nicht zurück“, jammerte die Mutter.
„Na, dann schick mir die dritte“, meinte der Vater. „Diesmal zieh ich mit dem Pflug eine Furche am Wegrand entlang. Es müßte ja mit dem Teufel zugehen, wenn auch Warja sich verirren würde.“
Anderntags zeichnete der Bauer auf diese Weise den Weg. Der Drache, grau aber schlau, verwischte die Furche jedoch und zog mit seinem dreibeinigen Pferd eine neue. So wurde auch Warja in die Irre geleitet. Über den Graben, durchs Birkenwäldchen, in die wilde Steppe eilte die Jüngste, bis sie spätabends in der Behausung des Drachen eintraf.
Warja trank Tee mit dem Hausherrn. Am anderen Morgen eröffnete er ihr, daß sie nun seine Frau sein müsse. Er gab ihr die Schlüssel und verbot, die gewisse Kammer zu betreten.
Nachdem Warja den Drachenpalast durchstreift hatte, zog es sie unwiderstehlich zu dem dunklen Gang. Sie öffnete die Kammer und sah die verschiedenen Fässer stehen. Vorsichtig tauchte sie einen Besenstiel in das erste, worauf dieser sich mit purem Gold

überzog. Sie ging zum zweiten – da wurde er silbern. Beim dritten, siehe, da trieben gar Äste und Blätter aus dem dürren Holz, denn das Faß war mit dem Wasser des Lebens gefüllt. Im vierten wurde er wieder starr und steif, denn das Wasser des Todes war darin. Und hinter dem vierten Faß: O weh, da lagen die beiden Schwestern und regten sich nicht!

Kaum hatte Warja diese schreckliche Entdeckung gemacht, als sie auch schon das Getrappel des dreibeinigen Pferdes vernahm. Hurtig verließ sie die Kammer, lief in die Küche, wo sie sich eifrig am Herdfeuer zu schaffen machte. Der Drache redete kein Wort, sondern nahm sofort ihre Hände in Augenschein. Wie staunte das Ungeheuer, als es kein Goldstäubchen fand. Ganz freundlich wurde der Alte, und seine Laune wurde noch besser, als ihm Warja das Essen auftischte. Ein wahres Festessen, kann ich euch sagen! Fettglänzender Borschtsch, goldgelb gebratene Truthähne, gesottene Störe mit sauren Pilzen . . . zwölf Gänge insgesamt, dazu Honigkuchen und Schnaps in Massen. Der alte Unhold war satt und zufrieden, er lobte das Mädchen in den höchsten Tönen. Warja jedoch zeigte ein gramvolles Gesicht.

„Was hast du? Was quält dich, meine Liebe?" fragte der Drache besorgt.

„Ach, ich muß immerzu an meine armen Eltern denken. Seit ich fort bin, haben sie kein Lebenszeichen von mir erhalten. Gar zu gern möchte ich ihnen einen Korb mit ein paar guten Speisen schicken."

„Was denn, hälst du mich etwa für einen Geizhalz? Pack schon ein, was du ihnen zukommen lassen möchtest. Noch diese Nacht werde ich es zu ihrem Hause tragen."

Das ließ sich Warja nicht zweimal sagen. Vom Speicher holte sie den größten Korb. Dann lief sie in die Kammer, erweckte mit ein paar Spritzern Lebenswasser ihre Schwestern und hieß sie, sich in den Korb zu legen.

„So, nun trage die Sachen zu meinen Eltern!" befahl sie dem Drachen. Aber hüte dich, unterwegs zu naschen! Ich steige aufs Dach und werde dich im Auge behalten."

Während sich der Drache für den Weg rüstete, sprang Warja zu ihren Schwestern in den Korb und schloß den Deckel. Dann ging die Reise los, holterdipolter schleppte der Drache sie durch die Nacht. Nicht lange, da ging ihm aber die Puste aus. Er stellte den Korb ab und ließ sich ächzend nieder. ,,Ach, eine kleine Stärkung wird mir jetzt gut tun. Will doch sehen, was meine Frau Feines eingepackt hat.“ Als er sich an dem Korb zu schaffen machte, vernahm er Warjas Stimme: ,,Ich seh's, ich seh's! Steh auf und spute dich, sonst wird es dir übel bekommen!“
,,Ei, was sie doch für gute Augen hat“, staunte der Drache. Stand auf und trabte zum Hof der Eltern, wo er den Korb in den Garten stellte.
Wie freuten sich der Bauer und seine Frau, als sie die Mädchen gesund und munter heraussteigen sahen! Und wie erst, als die Jüngste all die Rubelchen ausschüttete, die sie im Drachenhaus vorsorglich eingepackt hatte. Sie umarmten und küßten sich alle und lobten Warja für ihre gute Tat.
Der alte Drache war inzwischen nach Hause getrabt. Als er dort merkte, wie das Mädchen ihn übertölpelt hatte, wurde er von solch einer Wut gepackt, daß er mit aller Kraft gegen die Wand rannte. Da stürzte der knöcherne Palast zusammen und begrub den Bösewicht für alle Zeiten unter sich.

Nach einem russischen Märchen

Danila und der Drache Sonnenräuber

Man erzählt sich, daß der Himmel der Erde einst ganz nahe war. So nahe, daß die Kühe mit ihren Hörnern manchmal an eine Wolke stießen. Zu dieser Zeit lebte König Petru mit seiner Frau. Die beiden herrschten über endlose Ländereien, besaßen alles, was man sich denken kann. Allein ihr Herzenswunsch, ein eigenes Kind zu haben, wollte und wollte nicht in Erfüllung gehen.

Die Jahre kamen und gingen. Eines Tages, als die Königin gerade am Fenster saß und ihr Mißgeschick bedachte, flog in einer schwarzen Wolke ein großer Drache vorüber.

„Warum läßt du den Kopf hängen, Königin?" erkundigte er sich.

„Was geht's dich an", entgegnete sie, ohne zu ihm aufzuschauen.

„Wer weiß, vielleicht kann ich dir helfen?"

„Nun, es ist, weil unsere Wiege noch immer leer ist."

„Da weiß ich ein Mittel, Königin, doch verlange ich einen Scheffel Edelsteine dafür."

Die Königin überlegte nicht lange und sagte ja. Tags darauf brachte der Drache ihr eine rote Zwiebel. Die aß sie auf – und siehe da! Schon wenige Tage später begann sich ihr Leib zu runden, und jeder sah, daß die Königin ein Kind erwartete.

War das ein Jubel im ganzen Land! Mann und Weib, Alt und Jung freuten sich auf die Geburt des Thronfolgers. Am ungeduldigsten

von allen war König Petru, der künftige Vater. Er versäumte sämtliche Regierungsgeschäfte, da er von früh bis spät nur an das Kind denken mußte. Alle Handwerker des Landes mußten prächtiges Prinzenspielzeug fertigen: zierliche Schwerter, Helme und Panzerhemden. Lehrer und Fechtmeister waren schon eingestellt. Auf der Weide tummelte sich eine Herde Ponys, die dem Prinzen gehören sollte. Denn daß es ein Junge werden würde, war für König Petru die größte Selbstverständlichkeit der Welt.
Im Frühling, als der Kuckuck rief, war es dann endlich soweit. Das Geschrei des Neugeborenen tönte durch die königlichen Gemächer. Böllerschüsse trugen die frohe Botschaft ins Land. König Petru stand schon im Festgewand bereit, um den langersehnten Sohn in Empfang zu nehmen.
Doch was mußten die Hebammen und Dienerinnen, die der Königin in ihrer schweren Stunde Beistand geleistet hatten, beim näheren Hinsehen feststellen! Oje, wie sie das Kind auch drehten und wendeten – was zu einem Jungen so dringlich gehörte wie die Nase zum Gesicht, war trotz aller Bemühungen nicht zu finden. König Petru bekam einen schrecklichen Wutanfall. Gelb und grün färbte sich sein Gesicht, er zitterte und schrie. Am liebsten hätte er das Kleine sofort in den finsteren Wald schaffen lassen. Doch die Königin setzte Himmel und Erde in Bewegung, um das Schlimmste zu verhindern.
Tags darauf kam der Drache, um seinen Lohn zu fordern. Er ließ sich auf dem höchsten Turm des Schlosses nieder und rief mit siebenfacher Stimme: „He, wo sind die Edelsteine, die man mir versprochen hat?"
Als der König dies vernahm, wallte sein Zorn von neuem auf. Er platzte fast. „Hier hast du deinen Lohn!" brüllte er und ließ seine größte Kanone auf das Drachentier abfeuern. Als der Pulverdampf verflogen war, sah man den Drachen am Horizont verschwinden. Der Schuß hatte sein Ziel verfehlt, doch seine Wirkung war verheerender, als man beschreiben kann. Der Drache war nämlich über die Undankbarkeit des Königs so erbost, daß er sich in ein wütendes Ungeheuer verwandelte und König Petrus Land arg

heimsuchte. Er verschlang Ziegen und Kühe und setzte mit seinem Feueratem Felder und Wälder in Brand. Eines Tages reckte er sich zu voller Größe auf und riß mit seinen eisernen Krallen die Sonne vom hellen Mittagshimmel. Mit einem Schlag war die Welt in Finsternis und Kälte getaucht. Die Menschen froren und fürchteten sich in der Dunkelheit. Von ihrem König forderten sie, schnellstens Abhilfe zu schaffen. Aber was konnte dieser schon ausrichten! Zunächst rief er verschiedene Zauberer herbei, welche die Sonne heranhexen sollten. Vergeblich! Schließlich tat er, was alle Herrscher in solchen Fällen zu tun pflegen: Er schickte Herolde ins Land, die allerorts verkündeten, daß derjenige, der den Drachen besiegt, die Hälfte des Königreiches erhalten sollte.

Währenddessen wuchs im Königsschloß die kleine Prinzessin heran, die man nach ihrer Mutter Danila nannte. Und wie sie wuchs! Wozu andere Jahre brauchten, das ging bei ihr in Wochen vonstatten. Nach kurzer Zeit konnte sie bereits laufen und sprechen, und die Kinderfrauen mußten immerzu Haschen mit ihr spielen. Und ehe man sich's versah, glich sie einem fünfzehnjährigen Mädchen. Das schwarzglänzende Haar wallte über die Schultern und reichte bis zu den Knöcheln hinab. Ihre Klugheit und Freundlichkeit erhellte die Herzen der Leute. Jeder, der sie kannte, hatte sie lieb. Nur ihr Vater, König Petru, kümmerte sich nicht um Danila und schimpfte immerfort über sie.

Je mehr die Prinzessin an Schönheit und Anmut gewann, desto größer wurde sein Haß, bis er sie sogar aus den königlichen Gemächern verstieß und dem Küchenmeister übergab, einem herzlosen Schurken. Der Königin brach fast das Herz, aber sie vermochte nichts dagegen auszurichten. Fortan hatte die Prinzessin in einem Trog auf dem Gang zu schlafen. Von früh bis spät stand sie am Herd und mußte die rußigen Töpfe putzen und andere schmutzige Arbeiten verrichten. Bald war sie so mit Ruß und Asche verschmiert, daß sie niemand mehr erkannte.

Dem Aufruf des Königs waren indessen zahlreiche beherzte Jünglinge gefolgt. Sie wurden mit allem, was für eine solch gefahrvolle Unternehmung notwendig war, ausgerüstet. Doch keiner kehrte zurück. Wer weiß, wie der Drache es anstellte, sie alle zu bezwingen. Die Finsternis nahm kein Ende, die Leute wurden immer blasser und mutloser und gaben die Hoffnung schon auf, die Sonne jemals wiederzusehen. Als Danila dies alles sah, sprach sie zu sich selbst: Wie viele Jünglinge haben es gewagt, gegen den Sonnenräuber auszuziehen – warum sollte ich, ein Mädchen, es nicht auch versuchen? Was mir in der Fremde auch geschehen mag – alles ist besser, als hier am Küchenherd zu verdorren . . . So dachte die Prinzessin. Und bei nächstbester Gelegenheit entwischte sie dem bösen Küchenmeister, zog Männerkleidung an und ließ sich beim König als Drachenkämpfer melden.

Gramgebeugt saß König Petru auf dem Thron. Er erkannte seine Tochter nicht, schwarzgesichtig und vermummt, wie sie war.

„Erlaubt mir, Herr König, daß ich dem Beispiel der anderen Rekken folge. Vielleicht ist das Glück auf meiner Seite und schenkt uns die Sonne zurück", sprach sie den Herrscher mit verstellter Stimme an. Dieser war zunächst mißtrauisch, denn der Unbekannte glich mehr einem Köhlerburschen als einem erfahrenen Recken. Doch schließlich gab er seine Einwilligung und befahl, ihn mit Waffen, Pferd und Kleidung auszustatten.

Daraufhin ging die Königstochter in den Stall, wo in langer Reihe die prächtigsten Pferde standen. Einem nach dem anderen legte sie prüfend ihre Hand auf den Rücken. Doch sämtliche Gäule begannen ängstlich zu zittern, sobald sie ihr Fell berührte. Schon wollte sich die Prinzessin enttäuscht zum Gehen wenden, als ihr Blick auf einen klapprigen, von hundert Schwären bedeckten Gaul fiel, der gerade zum Abdecker gebracht werden sollte. Mitleidig trat sie hinzu und strich ihm über den Rücken. Und siehe – dieses Tier blieb völlig ruhig. Es wandte Danila seinen Kopf zu und fragte mit leiser Stimme: „Was ist Dein Befehl, Herrin?"

Verwundert erzählte ihm das Mädchen seine Geschichte, worauf das Pferd erwiderte: „Wenn du dein Ziel erreichen willst, mußt du mich zunächst sechs Wochen lang mit eigener Hand füttern und pflegen. Als Futter darfst du mir nur glühende Kohlen und in Milch gekochte Gerste geben. Dann werden wir weitersehen."

„Ich will alles nach deinem Wunsch machen, liebes Pferdchen", sprach Danila erfreut und umarmte das Tier. Am selben Tag noch begann sie mit der Arbeit. Sie striegelte und tränkte den Gaul und bereitete ihm das gewünschte Futter. Sechs Wochen wich sie nicht von seiner Seite. Der König fragte schon jeden Tag, wann sie aufzubrechen gedenke.

Als die Zeit vorüber war, ging plötzlich ein Schütteln durch den Leib des Pferdes. Und was soll ich euch sagen! Die Beulen und Schwären fielen wie Staub von ihm ab. Glatt wie ein Neugeborenes und stark wie ein Tiger stand es da. Es hatte einen schöngeschwungenen Hals, flammengeblähte Nüstern und einen goldglänzenden Schweif.

„Du sollst leben, Prinzessin!" rief das Roß und stellte sich freudig wiehernd auf die Hinterbeine. „Sitz auf, ich will dir zeigen, was ich kann."

Die Prinzessin legte ihm die Kandare ins Maul, schwang sich auf, und im gleichen Augenblick flog das Pferd über die Schloßmauer. Es schoß wie ein Pfeil durch die finstere, frostklirrende Welt. Sie jagten hinauf und hinab, und dem Mädchen wurde ganz schwindelig dabei.

„Nun, bist du zufrieden mit mir?" fragte Goldschweif, als sie wieder auf dem Schloßhof gelandet waren.

„Wie sollte ich nicht zufrieden sein, mein liebes Pferd!"

„Nun können wir bald aufbrechen, o Herrin. Doch zuvor mußt du dich mit guten Waffen rüsten. Nimm nicht die ersten besten, die man dir zeigen wird, verlange jene, die dein Großvater in seiner Jugend getragen hat."

Auch diesen Ratschlag befolgte das Mädchen. Sie wies die neuen, blanken Waffen ab, die man ihr geben wollte. Stattdessen stöberte sie drei Tage und drei Nächte lang die Waffenkammer durch, bis sie das gesuchte Rüstzeug gefunden hatte. Des Großvaters Pallasch, Pfeil und Bogen waren dick mit Rost und Schmutz bedeckt. Prinzessin Danila schliff und polierte sie, bis sie sich darin spiegeln konnte.

Am anderen Morgen nahm die verkleidete Königstochter Abschied. Sie hängte ihre Waffen an den Sattelknauf und rief: „Ohne Licht mag ich nicht länger leben. Lauf Goldschweif, wir wollen die Sonne zurückerobern!" Dann schwang sie sich auf das von allen bestaunte Pferd und galoppierte durch das Tor.

Draußen war es finster wie in einem ungeputzten Ofenloch, und alles knackte vor Kälte. Die Weintrauben an den Rebstöcken zersplitterten wie Glas, wenn man sie berührte. Die Maiskolben auf den Feldern waren hart gefroren wie Tannenzapfen. Goldschweif lief wie der Wind. Seine Hufe berührten kaum die Erde, seine glühenden Nüstern leuchteten voran. Niemand weiß, wie lange sie unterwegs waren, denn da die Sonne weder auf- noch unterging, konnte man die Tage und Nächte nicht zählen.

Je näher sie dem Drachengebirge kamen, desto dichter wurde der Wald, und je dichter der Wald wurde, desto häufiger mußten sie mit der Verwandtschaft des Ungeheuers Bekanntschaft machen. Hexen und Riesen, Kobolde und Furien lauerten ihnen auf. Das treue Pferd witterte rechtzeitig jede Gefahr, und die Prinzessin gebrauchte ihre Waffen von Mal zu Mal geschickter. Nichts konnte die beiden aufhalten.

Nach einiger Zeit öffnete sich vor ihnen eine Schlucht, die in schlängelnder Linie in den Fels gegraben war. Zunächst umgab sie Düsternis. Bald aber nahm die Prinzessin einen fernen Lichtschein wahr. „Was mag das sein?"

„Es ist das Licht der Sonne, Herrin. Der Drache hält sie gewiß in seiner Höhle verborgen."

Als sie noch tiefer eingedrungen waren, vernahmen sie ein schauerliches Getöse, ein Zischen und Schnarchen, Röcheln, Bellen, Fauchen, Keuchen und Knurren. Wieder befragte Danila ihren Begleiter.

„So geht der Atem des Drachen. Du mußt wissen, daß er sieben verschiedene Köpfe mit sieben verschiedenen Rachen und sieben verschiedenen Stimmen hat."

Der Höllenlärm wurde immer schauriger. Grüne Schwefeldämpfe wallten ihnen entgegen und erschwerten das Atmen. Dann er-

blickten sie ein scharfgeschnittenes Felsenloch, das von innen beleuchtet war – den Eingang zur Drachenhöhle.
Neunmal wieherte Goldschweif.
„He, Siebenkopf, ich bin gekommen, den Menschen die Sonne zurückzubringen", rief Danila mit lauter Stimme. „Gibst du sie freiwillig heraus, sollst du den Lohn erhalten, den meine Mutter versprochen hat. Andernfalls wirst du meinen Pallasch kennenlernen!" Beim zehnten Wiehern fuhr ein Drachenkopf aus der Höhle, der an einem langen, muskulösen Hals hin- und herpendelte.
„Wer wagt es, mich in meiner Ruhe zu stören", fauchte das Ungetüm.
Brrr, war das ein häßlicher Anblick! Ein starres Schlangenauge blickte sie an. Das mit schwärzlichen Zähnen besetzte Maul kam näher und näher. Danila faßte die Zügel fester und erhob das blitzende Schwert. Jetzt galt es! Im selben Moment schoß der zweite Drachenschädel hervor: ein Adlerkopf mit stählernem Schnabel stieß auf das Mädchen herab. Ein klaffender Krokodilschädel folgte. Das Fell des Pferdes sträubte sich vor Entsetzen, doch behend wie ein Tiger wich es den wütenden Angriffen aus. Und die Prinzessin ließ das Ungeheuer die Kraft ihrer Waffen spüren.
Gegen fünf, sechs Köpfe mußte sie bald schon kämpfen. Die brüllten markerschütternd und spuckten brennenden Schwefel aus sämtlichen Löchern. Der Pallasch wirbelte wie ein Mühlenflügel. Goldschweifs stählerne Hufe trommelten auf den Angreifer nieder. Unerbittlich war der Kampf. Auch die Prinzessin war schon mit Wunden bedeckt. Es dauerte sehr lange, bis die Bewegungen des Untiers langsamer wurden. Feuerspeiend zog er sich in seine steinerne Behausung zurück. Das Mädchen atmete auf. War der Sonnenräuber damit schon bezwungen? Hatte sie den Sieg davongetragen? – Weit gefehlt. Noch leuchtete die Sonne nicht am Himmel. Noch hatte der Drache seinen siebenten und wichtigsten Kopf nicht in den Kampf geschickt.
Die Ruhepause war nur kurz. Mit neuen Kräften stürzte das Ungeheuer alsbald hervor. Sieben Köpfe kamen zum Vorschein. Und im selben Moment durchzuckte den Kopf des Mädchens ein wil-

der Schmerz. Auch Goldschweif stand wie gelähmt. Auf seinen siebenten Kopf hatte der Drache nämlich die Sonne gespießt, die auf diese Weise eine schreckliche Waffe darstellte. Wie Nadelbündel stach das gleißende Licht Pferd und Reiterin in die Augen, lähmte sie und machte sie wehrlos. So hatte der Drache bisher jedem den Garaus gemacht. Auch die Prinzessin kam in große Bedrängnis. Halb blind und ohnmächtig klammerte sie sich an den Hals ihres Pferdes. Goldschweif wich dem herbeistürzenden Ungeheuer mit einem kräftigen Sprung aus. Er jagte pfeilschnell davon, lief und lief, bis er seine Herrin außer Gefahr wußte.
Als Prinzessin Danila die Augen aufschlug, lag sie in einem finsteren Wald, ihr Haar bedeckte sie wie ein Mantel. Neben ihr stand Goldschweif und wärmte sie mit seinem Atem.
„Mein liebes Pferd, was soll nun werden?" seufzte das Mädchen. „Lieber will ich hier sterben, als dem König ohne die Sonne unter die Augen zu treten."
„Ruhe dich aus, Herrin. Wenn du wieder zu Kräften gekommen bist, werden wir weitersehen", sprach das Pferd und leckte ihr die Wunden. Indes ging ein Säuseln und Klirren durch den froststarren Eichenwald.
„Wer ist das schöne fremde Kind, das stöhnend auf unseren Wurzeln liegt?" fragte ein Baum den anderen. „Ist es nicht Prinzessin Danila, des Königs verstoßene Tochter, die gegen den siebenköpfigen Drachen ausgezogen ist?"
„Ja, sie ist es, Brüder, sie wollte uns das Sonnenlicht bringen und uns vor dem sicheren Tod erretten. Doch nun liegt sie da, Gesicht und Arme von Feuerwunden bedeckt."
„Ihr Herz ist tapfer, ihre Waffen sind scharf, ihr Pferd ist ohnegleichen. Doch offenbar weiß sie nicht, daß man dem Sonnenräuber nur mit List begegnen kann. Die Feen vom Bergsee könnten ihr helfen. Sie kennen die einzige Waffe, die der Drache wirklich fürchten muß."
Goldschweif hatte seine Ohren steil aufgerichtet. Das kluge Pferd verstand die Sprachen aller Tiere und Pflanzen, und kein Wort vom

Gespräch der Eichbäume war ihm entgangen. Die Königstochter vergaß alle Schmerzen, als sie davon erfuhr. Sie stieg in den Sattel. „Dank euch, ihr Guten", rief sie den Bäumen zu. Dann jagte sie dem Bergsee entgegen, über Stock und Stein, durch die pechschwarze Nacht.

Früher hatten sich tags die Sonne und nachts der Mond in dem blanken Wasser des Sees gespiegelt. Glucksend waren die Wellen ans Ufer gesprungen, wo Hirsche und bunte Vögel ihren Durst stillten. Jetzt aber lag das Gewässer stumpf und reglos im Dunkel.

„Ihr Feen im Bergsee, hört ihr mich?" rief Danila so laut sie konnte. Als Antwort kam nur das Echo ihrer eigenen Stimme.

„Wir brauchen eure Hilfe, Schwestern", versuchte es Goldschweif. Doch alles blieb still.

„Ich fürchte, der See ist zugefroren bis auf den Grund. Die Feen können uns nicht hören. Nun weiß auch ich keinen Rat mehr", meinte das Pferd. Die Prinzessin nickte. Sie hockte sich an das Ufer, heiße Tränen rannen ihr über die Wangen. Eine der Tränen fiel auf das Eis. Da klirrte es unmerklich. Aus dem Klirren wurde ein Knacken, aus dem Knacken ein Splittern und Bersten. Das Eis brach. Die Kraft der Träne taute in Windeseile den See auf und verwandelte ihn in eine schwarzglänzende Fläche.

„Wer seid ihr? Wer hat uns aus dieser schrecklichen Starre erlöst? Wie können wir euch danken?" erklang eine rauschende, helle Stimme. Es war die Königin der Feen. Ihr erzählte das Mädchen in knappen Worten von seinem Kampf gegen das Drachenungetüm und vom Rat der Eichbäume.

„Natürlich werde ich dir helfen", raunte die Fee und reichte der Königstochter den Spiegel des Sees. Danila nahm ihn und trug ihn wie ein Schild am linken Arm. So kehrte sie zur Drachenhöhle zurück.

Diesmal wollte das Ungeheuer die Prinzessin mit einem Schlag vernichten. Aber es hatte sich gründlich verrechnet. Kaum war es, mit allen sieben Köpfen zugleich, aus der Höhle gefahren, warf der Spiegel, hinter dem sich Goldschweif und die Prinzessin verbargen, das grellblendende Licht auf das tückische Reptil zurück.

Erschrocken brüllte der Geblendete auf. Den Augenblick geschickt nutzend, warf das Mädchen ihr Seil über ihn, zurrte seine sieben Köpfe zusammen und band ihn an einem Felsen fest. Der Siebenkopf knirschte wütend mit den Zähnen, doch war er nun völlig wehrlos.

Nachdem diese schwere Arbeit verrichtet war, packte die Königstochter den glühenden Sonnenball mit ihrer Satteldecke und schleuderte ihn mit ganzer Kraft an das dunkle Firmament. Wer kann ihre Freude bei dem Anblick beschreiben, der sich nun ihren Augen bot. Licht und Wärme ergossen sich über die Welt und vertrieben Frost und Finsternis. Die Felder und Wälder ergrünten. Die Bäche erwachten und sprangen plätschernd ins Tal. Alle Welt jubelte. Selbst die Steine und Berge vergaßen, daß sie gewöhnlich stumm waren, und stimmten in das große Singen ein. Glücklich umarmte Danila ihr treues Pferd. Dann begab sie sich zum Bergsee, dankte den Feen und wusch sich die Spuren des Kampfes vom Gesicht und ritt in die Heimat zurück.

Im Königsschloß, dessen goldene Kuppeln wieder im hellen Sonnenlicht strahlten, erwartete man gespannt die Rückkehr des unbekannten Jünglings. Zu seiner Begrüßung war der gesamte Hofstaat versammelt, an der Spitze König und Königin. Wie staunten sie, als der vermeintliche Jüngling seine Kappe vom Kopf nahm und sich als Danila, die verstoßene Königstochter, zu erkennen gab. Die Königin weinte vor Freude. König Petru aber fiel vor ihr auf die Knie und bat sie um Verzeihung für das, was er ihr angetan hatte. Ein Fest wurde gefeiert, das sieben Wochen dauerte. Als der König einige Zeit später starb, übernahm Danila das Zepter und regierte mit Klugheit und Gerechtigkeit, so daß man noch heute von ihr spricht. Seither grämt sich in diesem Land kein Vater mehr, wenn ihm eine Tochter geboren wird. Im Gegenteil, man holt den besten Wein aus dem Keller, ruft alle Freunde und Verwandten zum Festschmaus, und alle erheben das Glas: Möge das neugeborene Kind wie Danila werden!

Nach einem rumänischen Märchen

Vom heiratsscheuen Kaufmannssohn, der Prinzessin und dem Drakos

Vor Zeiten lebte in Hellas ein alter Kaufmann, der war so reich, daß er mit seinen Talern sämtliche Gassen der Stadt pflastern konnte. Doch was nützte ihm dieser Reichtum! Sein sehnlichster Wunsch, ein Enkelkind auf den Armen zu halten, blieb unerfüllt, denn sein einziger Sohn weigerte sich zu heiraten. Groß war der Kummer des Alten, er seufzte und weinte jeden Tag. Doch ob er nun Bitten an seinen Sohn richtete, Belohnungen versprach oder ihm drohte – von einer Braut wollte der nichts wissen.
Als der Vater nun sah, daß seine Worte in den Wind gesprochen waren, führte er ihn eines Tages in ein großes Gemach, an dessen Wänden lauter Mädchenbilder hingen. Er sprach: „So geht es nicht weiter, Georgios! Siehe, hier hast du sämtliche Mädchen der Welt vor Augen, die als Bräute für dich in Frage kommen. Nicht eher werde ich dich aus dem Raum lassen, bevor du deine Wahl getroffen hast. Und wenn du hier verhungern müßtest!"
Georgios tat, wie ihm geheißen. Bild für Bild nahm er in Augenschein, doch fand er an jedem der Mädchen etwas auszusetzen. Das eine war ihm zu dürr, das andere zu dick, das nächste zu jung, das vierte zu alt . . . So ging es den lieben langen Tag, bis sie schließlich an ein Bild kamen, das mit dem Gesicht zur Wand hing. Der Kaufmannssohn sah es mit Verwunderung.

„Bei diesem Bild verschwende nicht deine kostbare Zeit, es kommt ohnehin ins Feuer", sprach der Vater und wollte den Jüngling weiterziehen. Aber der stand wie angewurzelt.
„Ins Feuer?" fragte er. „Warum das?"
„Weil die Prinzessin, die darauf zu sehen ist, ebenso verstockt und dickköpfig ist wie du. Auch sie will um keinen Preis der Welt heiraten. Viele haben schon vergeblich um ihre Hand angehalten."
Als der Sohn die Worte seines Vaters gehört hatte, konnte er seine Neugier nicht länger zügeln. Er griff nach dem Bild, drehte es um, und was sahen seine Augen? Schön war das Mädchen, wunderschön! Sein Haar glänzte wie chinesische Seide, seine Haut schimmerte wie Elfenbein und sein Gesicht war so süß wie Honig und so sanft wie ein Säugling in den Armen der Mutter. „Diese oder keine will ich zur Frau!" rief Georgios sogleich. Und allen Einwänden und Warnungen des Vaters trotzend, brach er noch in derselben Woche in das Land der fremden Schönheit auf.
Georgios bestieg ein Segelschiff, mit dem er viele Tage gut vorankam. Dann aber erhob sich ein mächtiger Sturm, der das Gefährt von seinem Kurs abbrachte und auf einer Klippe zerschellen ließ. Sämtliche Matrosen ertranken, nur Georgios konnte sich auf einem Balken an Land retten. Tagelang irrte er einsam umher, bis er schließlich drei Drakinnen begegnete. Oh, wie häßlich sie waren! Ihre Köpfe ähnelten denen von Kröten, waren jedoch mit drei Augen versehen, ihre Leiber waren füllig und schwer. Den Drachenweibern kräuselte aus Nasen und Ohren weißer Rauch, woran Georgios unschwer erkennen konnte, daß schwere Sorgen sie plagten. Er trat auf sie zu, grüßte und fragte, was sie bedrücke.
„Ach Fremder, was sollen wir tun?" klagten die Drakinnen. „Gemeinsam haben wir einen Schatz erworben, wissen aber nicht, wie wir ihn gerecht teilen sollen." Dabei zeigten sie auf das, was zu ihren Füßen lag: eine alte Mütze und ein nicht minder alter, abgeschabter Stock.
„Wie? Wegen diesem Unrat grämt ihr euch, als ob es um Tod und Leben ginge?"
„Halt, halt! Du weißt noch nicht, was es mit diesen Dingen für

eine Bewandtnis hat! Wer die Mütze aufsetzt, wird nämlich unsichtbar. Und wer mit dem Stecken dreimal auf die Erde klopft, kann sich an jeden beliebigen Ort der Welt wünschen."
Als Georgios dies hörte, setzte er sein schlaues Kaufmannslächeln auf und sprach teilnahmsvoll: „Ach, ihr Armen dauert mich. Ich will euch helfen. Hört meinen Vorschlag: Ich werde mein Messer in jenen Baum dort werfen, ihr aber sollt um die Wette laufen. Wer mir das Messer zurückbringt, kann Hut und Stock für immer behalten. Einverstanden?"
Die Drakinnen stimmten freudig zu. Kaum hatte Georgios sein Messer fortgeschleudert, hasteten sie los. Der Kaufmannssohn stülpte indes die Mütze auf den Kopf und klopfte mit dem Stock dreimal auf die Erde. – Als die Drakinnen abgehetzt zurückkamen, war er schon längst über alle Berge und unterwegs zur schönen Prinzessin.
Dort angekommen, begab er sich in das Schloß und ließ sich beim König melden. Dieser saß auf seinem Thron und blickte Georgios mit trüben Augen an. „Oh, Unglücklicher, hättest du nie deinen Fuß in dieses Land gesetzt", sprach er, als ihm der Kaufmannssohn sein Anliegen vorgetragen hatte. Dann erzählte er, daß schon zahllose tapfere Jünglinge um die Hand seiner Tochter angehalten hätten. Da die Prinzessin aber eine große Abneigung gegen das Heiraten habe, stelle sie jedem Freier drei Aufgaben – grausame Aufgaben, die allen das Leben kosteten.
Als Georgios das vernahm, wunderte er sich zwar über das seltsame Wesen der Prinzessin, hielt aber standhaft an seinem Vorhaben fest.
„Du gefällst mir, Jüngling", sprach darauf der König. „Ich will dir deshalb noch ein Woche Bedenkzeit lassen, damit du dein Leben nicht gar zu unbedacht aufs Spiel setzt. Wenn du aber in sieben Tagen noch immer auf deinem Wunsch bestehst, wird meine Tochter ihre erste Aufgabe nennen."
Der arme Georgios! Schon jetzt verzehrte er sich vor Sehnsucht nach der schönen Prinzessin, er konnte weder schlafen noch essen. Wie sollte er da eine lange Woche Wartezeit ertragen? Zum

Glück erfuhr er aber von einem Gartenknecht, daß die Prinzessin jeden Nachmittag im Park spazieren ging. Dorthin begab sich Georgios, um sie wenigstens von fern zu sehen.

Dem Jüngling wurde heiß und kalt, als sie den Parkweg herabgeschritten kam. In Wirklichkeit war sie viel anmutiger als auf dem Bild. Ihre Schönheit strahlte so hell, daß die Sonne daneben wie eine Tranfunzel wirkte. Der Jüngling stand bescheiden am Wegrand und verneigte sich höflich. Die Prinzessin aber, ohne ihn eines Blickes zu würdigen, ging rasch vorüber und verschwand im Park.

Am nächsten Tag pflückte er Rosen für sie, einen riesigen Strauß wilder Rosen. Er legte ihn vor ihre Tür. Doch die Schöne achtete nicht darauf, sondern schritt achtlos mit den kleinen goldenen Schuhen darüber hinweg,wieder ging sie in den Park hinein.

Tags darauf legte Georgios seinen Siegelring auf den Weg, das einzige an Wert, das er nach dem Schiffbruch noch besaß. Der Ring glänzte weithin sichtbar. Als die Prinzessin aber auch dieses Zeichen übersah, sprach er zu sich: „Seltsam, wohin mag sie nur jeden Tag gehen? Morgen will ich ihr folgen und schauen, was sie wohl tut."

Unter der Tarnkappe verborgen, begleitete er die Schöne am nächsten Nachmittag durch den Park. Die Brunnen rauschten, es dufteten die Wiesen, weiße Hirsche sprangen vorüber . . . Georgios aber merkte von alldem nichts, da sein Blick nur an der schönen Prinzessin hing. So kamen sie in der Abenddämmerung bei einem abseits gelegenen Gartenhaus an.

In dem Haus angelangt, nahm die Prinzessin eine Gitarre von der Wand und begann zu spielen. Nicht lange, da war ein fernes Donnern zu hören, das allmählich näher kam, bis plötzlich die Tür aufflog und ein mächtiger Drakos hereintappte. Georgios schrak zusammen. Der Drakos hatte zwar Menschengestalt und war überdies prächtig gekleidet, doch seine Zähne waren wie Messer, der Schnurrbart wie Werg, die Augen wie Spiegeleier, der Wanst wie ein Kessel – kurz, der Kerl war so häßlich und plump, daß einem übel werden konnte.

Georgios stand auf dem Sprung, um sich ihm entgegenzuwerfen, falls er der Prinzessin ein Haar krümmen sollte. Doch was mußten seine Augen sehen! Ohne mit der Wimper zu zucken, ließ sich die Schöne vom Drakos in die haarigen Arme nehmen. Und mehr noch! Auch als er sie schmatzend abzuküssen begann, hielt sie ganz still. Dem braven Kaufmannssohn wurde schwarz vor Augen. Auf den Grund des Meeres oder auf den fernsten Stern wünschte er sich in diesem Augenblick. Da aber sein Zauberstock nicht zur Hand und die Tür des Gartenhauses versperrt war, mußte er gezwungenermaßen dem seltsamen Liebespaar Gesellschaft leisten. Nach der zärtlichen Begrüßung entspann sich ein Gespräch zwischen den beiden. ,,Nun, Liebchen, ist wieder ein Dummkopf eingetroffen, der dich zur Frau haben möchte?"
Die Prinzessin nickte eifrig. ,,Ei freilich, ein Kaufmannssohn aus Hellas ist's diesmal. Ich glaube, bei dem müssen wir auf der Hut sein. Denk also gut nach, bevor du mir eine Aufgabe nennst, die ich ihm stellen soll."
,,Pah, ein Kaufmannssohn! Den wisch ich mit meinem Schnupftuch weg! Weißt du was? Fordere von ihm, daß er dir in vierundzwanzig Stunden drei lachende Äpfel bringen soll. Der einzige Baum, auf dem sie wachsen, steht nämlich sechshundert Tagreisen von hier bei meinem Palast und wird von hundert Draken bewacht!" Begeistert von seiner Idee, klopfte sich der Drakos auf die Schenkel und lachte, daß das Häuschen wackelte.
Georgios hatte alles mit angehört, und als die Woche vorüber war und die Prinzessin ihm vor versammeltem Hofe die Aufgabe verkündete, sagte er nur: ,,Aber gern, liebe Prinzessin! Wenn es weiter nichts ist!"
Dann begab er sich auf sein Zimmer und wünschte sich – eins, zwei, drei – in den Palast des Drakos. Dieser befand sich dort, wo abends die Sonne im Meer versinkt, auf einer Insel am anderen Ende der Welt. Unzählige fremdartige Bäume und Sträucher wuchsen hier. Dennoch brauchte Georgios nach dem Baum mit den lachenden Äpfel nicht lange zu suchen. Die hundert Draken,

die ihn bewachten, verrieten ihn. Ungesehen mischte sich Georgios unter die Wächter, brach einen früchteschweren Zweig ab und wünschte sich im selben Augenblick zurück. Da tönte ein tausendfaches ha-ha-ha-hi-hi-hi-ho-ho-ho von dem Baum. Wild stürzten die Wächter durcheinander. Auch der große Drakos kam herbei. Der Apfeldieb jedoch war längst über alle Meere.

Am anderen Morgen wurde er vom König und seiner Tochter empfangen. Auch sämtliche Minister, Beamte, Höflinge und Kammerzofen hatten sich eingefunden. Freilich erwartete keiner, daß der Kaufmannssohn die Probe bestanden haben könnte.

„Wie, diese grünen Dinger sollen die herrlichen lachenden Äpfel sein?" rief spöttisch die Prinzessin.

„Überzeug dich nur selbst", erwiderte Georgios und reichte ihr die Schale mit den Früchten.

Kaum hatte die Königstochter den ersten mit ihrer Fingerspitze berührt, ertönte ein schallendes Lachen, das den Hofstaat und die Prinzessin verstummen ließ. Sie mußte nun zugeben, daß die erste Aufgabe gelöst war, und erbat sich Bedenkzeit, um eine zweite zu ersinnen.

Georgios wußte aber, was es mit dieser Bedenkzeit auf sich hatte. In der Nacht fand er sich beim Gartenhaus ein und hörte, daß er diesmal drei weinende Quitten heranschaffen sollte. Der Drakos versprach, den Baum selbst zu bewachen und gab ein Dutzend Schwüre darauf. Nun ja, aber mit den Quitten kam es nicht viel anders als mit den lachenden Äpfeln. Der Drakos saß schwer bewaffnet unter dem Quittenbaum. Georgios machte sich unsichtbar, pflückte einen Zweig und verschwand im Handumdrehen. Da weinten die restlichen Quitten so heftig, daß der Unhold pitschenaß wurde.

„Hab ich dir nicht gleich gesagt, daß du deinen Kopf etwas mehr anstrengen mußt!" rief vorwurfsvoll die Prinzessin, als am Abend der Drakos kam.

„Beruhige dich, heute will ich dir eine Aufgabe nennen, an der er gewiß zugrunde gehen wird", entgegnete dieser finster. „Verlange von ihm einen Zahn jenes Drakos, dem die lachenden Äpfel und weinenden Quitten gehören. Sollte er versuchen, mir einen Zahn aus dem Maul zu reißen, ist es ein für allemal um ihn geschehen."

Georgios hatte die Ohren gespitzt. Nachdem ihm die Prinzessin die dritte Aufgabe genannt hatte, beschaffte er sich ein Bündel Schlafkraut und eine Schmiedezange, legte beides in einen Korb und begab sich zur Drakeninsel.

Hier rief der Drakos gerade vierzig seiner stärksten Untergebenen zusammen. Er befahl ihnen, die Nacht mit ihm zu durchwachen. Man ließ sich an einer langen Tafel nieder, aß und trank, was die Bäuche hielten.

Indessen ging Georgios um den Tisch, streute jedem ein wenig Schlafkraut auf den Schädel, und bald darauf schnarchten die Dra-ken mit offenen Rachen. Nun waltete die Zange. Mit ruck und zuck riß er jedem einen Vorderzahn heraus und warf ihn in seinen Korb. Als die Bande in der Frühe erwachte, schaute der Drakos verwundert in die Runde. „Ei, Brüder, wie seht ihr komisch aus", rief er kichernd, „euch fehlt ja allen ein Zähnchen". Die Draken schauten erst sich, dann dem großen Drakos ins Maul und riefen: „Dir aber auch!" Da fühlte der Drakos die schmerzende Zahn-lücke, und es packte ihn eine große Angst.

Georgios war ins Schloß zurückgeeilt, wo er am Morgen den In-halt seines Korbes vor der Prinzessin ausschüttete. Die fiel beim Anblick der blutigen Zähne sofort in Ohnmacht. Bis zum Abend mußte sie das Bett hüten. Dann lief sie, wie immer um diese Zeit, zu dem Gartenhaus im Park, um sich mit ihrem Liebhaber zu tref-fen.

Der Drakos ließ heute lange auf sich warten. Es ging schon auf Mitternacht, als er endlich nahte. Er wagte nicht, das Gartenhaus zu betreten, sondern steckte nur seinen Kopf zur Tür herein und lispelte: „Meine Liebe, ich fürchte, der Kaufmannssohn hat auch die dritte Aufgabe gelöst. Wer mir heute aber einen Zahn ausreißt, schneidet mir morgen vielleicht die Kehle durch. Deshalb ist es wohl besser, wir trennen uns. Ich bin nur gekommen, um meinen Ring zu holen."

Als die Prinzessin das hörte, vergrub sie ihr Gesicht in den Hän-

den und begann herzerschütternd zu weinen. Nach einer Weile zog sie einen Ring vom Finger und reichte ihn dem Drakos. Der lugte ängstlich nach allen Seiten, ob ihm auch keiner auflauere. Dann verschwand er ohne ein Wort und flog auf Nimmerwiedersehen davon. Kaum war der Unhold mit dem Ring verschwunden, ebbten die Tränenbäche der Prinzessin ab. Ein Lächeln flog über ihr Gesicht, und leichten Schrittes ging sie zum Schloß zurück.

Georgios schlenderte noch durch den nächtlichen Park, um über das Erlebte nachzudenken. Er lauschte dem Geplätscher der Brunnen und den nächtlichen Stimmen der Vögel. Vor einem der Brunnen blieb er stehen und beugte sich hinab, um sein heißes Gesicht zu kühlen. Da blickten ihn von unten drei stechende Augen an und sechs krallige Hände packten ihn. Es waren jene drei Drakinnen, die er um ihren Schatz geprellt hatte. Sie zogen ihn in den tiefen Brunnen hinab, fesselten ihn und nahmen ihm Stock und Mütze fort.

So kam es, daß man im Schloß am anderen Morgen umsonst auf den frischgebackenen Bräutigam wartete. Die Prinzessin trug schon ihr Brautkleid. Die Gemächer waren mit Blüten und Blättergirlanden festlich geschmückt. Doch der König, der durch den alten Gärtner alles erfahren hatte, sprach zur Prinzessin: ,,Liebes Kind, wie sehr habe ich dir diesen Bräutigam gewünscht. Aber denke dir, in der Nacht ist es ihm so und so ergangen. Lege also den Brautschmuck ab und kleide dich in den Farben der Trauer, denn er ist für immer verloren."

Die Schöne hörte zwar die Worte ihres Vaters, wollte aber nichts davon wissen. Trotzig stampfte sie auf. ,,Wie? Ich sollte nichts anderes für ihn tun können, als Trauerkleider zu tragen, wo er doch so viel für mich gewagt hat!? Herr Vater, baut mir bitte ein Schloß über dem Brunnen und stellt mir einige Körbe Äpfel bereit. Ich will doch sehen, ob ich ihm nicht helfen kann."

Der König belächelte die Prinzessin nachsichtig. Nun gut, sollte das Kind seinen Willen haben. Er ließ das Schloß bauen und die Körbe mit Äpfeln füllen. Als alles fertig war, zog die Prinzessin

darin ein. Am ersten Tag legte sie zehn Äpfel auf den Brunnenrand. Die dufteten köstlich und lockten die Drakinnen herbei.
„Was sind das für herrliche Früchte?" wollten die Drachenweiber wissen.
„Und was habt ihr für einen herrlichen Mann da unten versteckt?" entgegnete die Prinzessin. „Hebt ihn ein Stückchen hoch, damit ich seinen Kopf sehen kann. Ich will euch dafür die Äpfel geben."
Die Drakinnen hoben den Kaufmannssohn etwas über den Brunnenrand – und bekamen das Versprochene.
Am nächsten Tag legte die Prinzessin doppelt so viele Äpfel auf den Brunnen. Wieder schnupperten die Drakinnen gierig. Die Prinzessin versprach ihnen die Früchte, falls sie den Mann bis zu den Hüften zeigten. So geschah es dann auch.
Am dritten Tag lagen sämtliche Äpfel auf dem Brunnenrand. Sie hatte die allerschönsten aufgehoben.
„Was müssen wir tun, damit du uns die übrigen Äpfel gibst?" fragten die Drakinnen.
„Hebt ihn so hoch, daß ich ihn ganz sehen kann", gebot die Schöne. Die Drakinnen stemmten Georgios sogleich bis über den Brunnenrand. Da ergriff ihn die Prinzessin mit beiden Armen, trug ihn hinaus und warf die Tür des Schlosses hinter sich zu, so daß ihnen die Drakinnen nicht folgen konnten.
Nun stand der Hochzeit endlich nichts mehr im Weg. Prinzessin und Kaufmannssohn waren fortan unzertrennlich. Sie lebten glücklich miteinander und schenkten ihren Vätern wohl siebzehn gesunde Enkel. Wir aber leben noch glücklicher als sie.

Nach einem griechischen Märchen

Die verwunschene Stadt

Es war einmal ein junger Fischer, Tittone mit Namen, der fuhr bei Wind und Wetter hinaus auf das weite Meer. Eines Tages überraschte ihn bei seiner Arbeit ein schlimmes Wetter. Der Himmel verfärbte sich lila, das Wasser wurde gelb und schwarz. Ein schrecklicher Sturm begann zu heulen und brachte das Fischerboot in seine Gewalt. Drei Tage und drei Nächte lang tobte der Sturm und trieb das Boot wie ein Stück Pappelrinde vor sich her. Am vierten Tag begann sich die See zu beruhigen, und der Fischer wurde an eine fremde Küste getrieben, wobei sein Schifflein in tausend Stücke zerbrach. Zunächst bedauerte er den Verlust seines Gefährts heftig. Aber dann sagte er sich: Was soll's, besser das Schiff verloren als das Leben! Er suchte sich einen kräftigen Stecken und machte sich auf, das unbekannte Land zu erkunden.

Tittone kam zunächst in einen Wald, in dem es von wilden Tieren wimmelte – Löwen und Leoparden, Schlangen und Skorpionen. Nachdem er sich glücklich durch diese unwegsame Gegend geschlagen hatte, gelangte er zu einer Mauer, die weder Anfang noch Ende zu haben schien. Um sich ein Bild von der Sache zu machen, erklomm Tittone die Mauerkrone. Groß war seine Freude, als er von oben sah, daß sich hinter dem Wall eine prächtige Königsstadt befand.

Kaum hatte er das Pflaster der Stadt unter sich und das erste beste

Gasthaus vor Augen, da meldete sich sein hungriger Magen zu Wort. Ihm gehorchend, ging Tittone in das Wirtshaus hinein, um Essen und Auskunft zu erbitten. Aber seltsam! Der Wirt stand in der Küchentür, rührte und regte sich nicht. Und auch die Gäste ringsum an den Tischen saßen wie versteinert.

Tittone lief wieder auf die Straße. Auch da war alles wie erstarrt. Die Tauben gaben kein Ruck und kein Guh von sich. Die Pferde standen reglos im Geschirr. Die Marktweiber, Oliven und Trauben in den Händen, schienen beim Feilschen eingeschlafen zu sein. Selbst die Springbrunnen waren verstummt, und ihre Fontänen ragten wie Eiszapfen in die Luft. Hunger und Neugier trieben Tittone immer weiter. So gelangte er zu einem marmornen Palast, dessen Glanz bis in den Himmel strahlte. Da die Wachen, die an den Pforten standen, reglos wie hölzerne Spielzeugsoldaten waren, ging Tittone unbekümmert hinein.

Im Palast empfing ihn eine unbeschreibliche Pracht. Seine Füße glitten über kostbare Mosaike. Die Decken waren aus Zitronenholz, kunstvoll geschnitzt, und wurden von elfenbeinernen Säulen getragen. Überall vergossen Leuchter aus Silber und Gold ihr schimmerndes Licht.

Neunundneunzig Räume durchschritt Tittone, und vom vielen Staunen taten ihm schon die Augen weh. Da stieß er im letzten Gemach auf eine Tafel, die mit gebratenem Geflügel, weißem Brot, Obst und Wein und allen erdenklichen Köstlichkeiten gedeckt war. Man kann sich denken, daß Tittone nicht lange überlegte, für wen dieses Essen wohl zubereitet sei. Er setzte sich einfach nieder, aß und trank nach Herzenslust. Dann streckte er sich wohlig auf dem seidenen Bett aus, das in dem Zimmer stand.

Der Jüngling schlief wie ein Stein. Irgendwann in der Nacht wurde er jedoch von einem seltsamen Geräusch geweckt, einem Schleifen und Schlurfen. Es kam näher, immer näher, bewegte sich auf das zweite Bett zu, welches in dem Gemach stand. Jemand schien in dieses Bett zu steigen. Tittone, von den Anstrengungen des Tages noch völlig entkräftet, kümmerte sich nicht weiter darum, sondern drehte sich auf die andere Seite und schlief bis

in den hellen Tag hinein. Als er ausgeschlafen und sich erhoben hatte, war das andere Bett leer. Die zerdrückten Kissen zeigten, daß jemand darin die Nacht verbracht haben mußte.
Der Tag verging wie im Fluge. Zu jeder Mahlzeit fand Tittone seinen Tisch von unsichtbarer Hand gedeckt. Als der Abend kam und der Jüngling wieder in seinem Bett lag, drang erneut jenes sonderbare Geräusch an sein Ohr. Diesmal wollte er der Sache auf den Grund gehen.
„He, wenn du ein Gespenst bist, melde dich", rief er. „Und wenn du keines bist, sag auch ein Wort. Man will schließlich wissen, mit wem man unter einem Dach schläft. Also sprich!"
Stille, keine Antwort.
„Bist du stumm, Gespenst? Muß ich erst Licht schlagen, um dich ein wenig kennenzulernen, verdammt?"
Endlich regte sich etwas. Es war zu Tittones Verwunderung eine Mädchenstimme, so sanft und wohlklingend wie der Frühlingsgesang einer Lerche.
„Sei still, bitte, frage mich nicht", zwitscherte das Mädchen. Tittone war ganz betört vom Wohlklang dieser Stimme.
„Sage mir wenigstens deinen Namen", flehte er. „Ich kann sonst vor Neugier nicht schlafen."
„Schweig still, Lieber. Zügele deine Neugier, wenn du ein Herz für mich hast. Laß es dir genügen, zu wissen, daß ich nichts sagen und mich auch nicht zeigen darf."
Von diesen Worten gleichermaßen erregt wie beruhigt, versprach Tittone der schönen Stimme, ihren Wunsch zu erfüllen.
Viele Wochen und Monate verbrachte er nun in dem marmornen Palast. Tagsüber spazierte er durch die stillen Straßen der Stadt. Abends lag er im Bett und grübelte, wer wohl der Schlafgast in seinem Zimmer sei.
Anfangs gefiel ihm das bequeme, geheimnisumwitterte Leben recht wohl. Aber die Zeit verging, und allmählich wurde ihm das Nichtstun langweilig. Auch umgarnte die Spinne der Neugier mehr und mehr sein Herz. Eines Abends hatte sie es mitsamt seinen guten Vorsätzen vollends eingewickelt. Tittone vergaß sein

Versprechen. Er stellte ein Öllämpchen bereit. Als es in dem anderen Bett dann in gewohnter Weise still geworden war, schlich er auf Zehenspitzen hin und leuchtete das unbekannte Wesen mit erhobener Lampe an. Aber o Schreck! Bei dem Anblick, der sich jetzt seinen Augen bot, standen dem Jüngling die Haare zu Berge. Statt eines schönen Mädchens lag zusammengerollt ein grünlich-schwarzes Drachenungeheuer auf dem seidenen Kissen . . . Tittone schloß seine Augen, öffnete sie wieder – aber das Bild veränderte sich nicht.

Rasch wollte er sich abwenden. Da fiel aus seiner Lampe ein Tropfen heißes Öl auf das schlafende Scheusal. Es zuckte, riß seine Augen auf und rief: „Wehe, was hast du getan, Unglücklicher! Fast hättest du eine verwunschene Prinzessin erlöst. Aber mit deiner Neugierde hast du jetzt alles verdorben."

Dann erfuhr Tittone, daß dieses häßliche Reptil in Wirklichkeit die Tochter des Herrschers dieser Stadt war. Weil sie den mächtigen Zauberer Scarafuccio nicht heiraten wollte, hatte dieser die gesamte Stadt in einen bleiernen Schlaf fallen lassen und ihr diese scheußliche Gestalt angehext. Nur dadurch konnte der Zauber gebrochen werden, daß ein Jüngling sieben Monate lang mit der verwunschenen Prinzessin im selben Zimmer schlief, ohne deren Geheimnis aufzuspüren.

Als Tittone dies vernommen hatte, machte er sich zähneknirschend die schlimmsten Vorwürfe. Er fiel auf die Knie und rief: „Gibt es denn keinen anderen Weg, dich vom Fluch dieses Zaubermeisters zu befreien?"

„Ja, einen Weg gibt es schon", antwortete die Prinzessin, „aber er ist derart mit Gefahren gespickt, daß ich ihn dir lieber nicht nennen möchte."

„So sprich doch! Ich will ja mein Leben nicht schonen, um diesen Fehler gutzumachen!"

„Es hat keinen Zweck, glaube mir. Du müßtest direkt in die bleierne Burg des Zauberers gehen, sein Lehrling werden und all seine Zauberkünste erlernen. Erst wenn du mehr weißt als er, kannst du ihn überwinden und mich befreien. Aber das ist aussichtslos!"

,,Und wennschon! Versuchen muß ich es auf alle Fälle, sonst werde ich keinen frohen Tag mehr haben. Also sag schnell, wie ich zu ihm gelangen kann!"

,,Nicht einmal das weiß ich, mein Lieber!"

,,Dann muß ich ihn eben suchen. Warte nur, alles wird gut werden!"

Tittone nahm seinen Stecken und wanderte los. Er lief durch die Welt, aß Brot aus vielen Öfen und fragte allerorten, ob nicht jemand die bleierne Burg des Zauberers Scarafuccio kenne.

Es war aber, als ob er den Schatten eines Verstorbenen suche. Niemand konnte ihm einen Anhaltspunkt geben. Ein altes Mütterchen riet ihm schließlich, den Weisen Mann auf der Insel zu fragen. Diesem Rat folgend, lieh sich Tittone ein Boot und stach in See. Nach langer, schwieriger Fahrt gelangte er zu jener Insel, auf der in einem halbzerfallenen Tempel der Weise Mann lebte. Er saß auf einem Stein. Sein Rücken war krumm. Bart und Haupthaar hingen ihm wie Lianengestrüpp bis zu den Füßen herab. Ein gewaltiger Schnurrbart überwucherte wie langes Stroh seinen Mund. Augenbrauen und Wimpern waren so wild und buschig gewachsen, daß kein Lichtstrahl hindurchzudringen vermochte.

,,Sei gegrüßt, Weiser Mann von der Insel", sprach Tittone und verneigte sich vor dem seltsamen Alten. ,,Ich bin unterwegs, um den Zauberer Scarafuccio ausfindig zu machen. Kennst du vielleicht den Weg zu seiner bleiernen Burg?"

Der Alte kam Tittone ein paar Schritte entgegen. Er hob die Hände, begann zu reden. – Aber aus seinem Bartgestrüpp drang nur ein unverständliches Rauschen und Murmeln.

,,Ich verstehe kein Wort, Alter. Alles bleibt ja in deinem schrecklichen Bart stecken", rief der Jüngling. ,,Warte, ich will dich rasch rasieren, vielleicht geht es dann besser."

Der Alte nickte zustimmend. Tittone wetzte sein Messerlein. Dann schnitt er ihm, ripseraps, Bart- und Haupthaar kurz. Und siehe! Kaum war die Last der Haare gefallen, streckte der Alte seinen Rücken, rieb sich Mund und Augen. – Nun konnte Tittone jedes Wort verstehen.

,,Dank sei dem Wind, welcher dich zu mir geweht hat, mein Sohn!" rief der Weise, und seine Augen blitzten freudig. ,,Seit siebzehn Jahren warte ich darauf, daß jemand kommt, um mich zu rasieren. Nun endlich ist es geschehen. Zum Dank für diese Wohltat will ich alles für dich tun, was in meinen Kräften steht, Junge!"
Tittone trug ihm nochmals sein Anliegen vor. Der Alte kratzte sich die Stirn und sprach: ,,Den Weg zum Zauberer Scarafuccio suchst du? Ach, wir Sterblichen wissen zu wenig, um dir in dieser Frage Auskunft geben zu können. Aber die Vögel in der Luft, die überall und nirgends sind, erfahren viel und können dir gewiß weiterhelfen. Wenn du eine Weile bei mir bleibst, will ich dich gern ihre Sprache lehren."
Tittone nahm den Vorschlag dankbar an.
Der Weise Mann bereitete ihm einen Sud aus siebenerlei bei Sonnenaufgang gepflückten Kräutern, von dem Tittone sieben Tage lang täglich einen Löffel schlucken mußte. Als die Vögel am Morgen des achten Tages mit ihren Liedern das rote Licht der Sonne begrüßten, konnte Tittone jeden Ton verstehen.
,,Danke, o Weiser Mann! Nun werde ich gewiß an mein Ziel kommen", sprach er beim Abschied.
,,Möge es so sein", erwiderte der Alte und winkte ihm lange nach.
Tittone stieg in sein Boot und segelte zum Festland zurück. Dort setzte er seine Wanderung fort.
Von nun an war der Jüngling nie mehr einsam auf seinen Wegen. Ständig lauschte er den Liedern und Gesprächen des gefiederten Volkes und lernte auf diese Art vieles, wovon Menschen gewöhnlich keine Ahnung haben.
Eines Tages rastete er unter einer alten Pinie. Im Geäst des Baumes saßen zwei buntgefiederte Vögel, die sich angeregt unterhielten. Und zwar über ihn.
,,Siehst du den jungen Burschen da unten", flötete der erste. ,,Seit vielen Monden schon irrt er durch die Welt, um den Zauber Scarafuccio zu finden."
,,Und viele Monde wird er noch suchen, dieser Dummling", fiel der zweite ein. ,,Dabei könnte er es so einfach haben!"

„Aber gewiß doch. Er brauchte nur zu der wundertätigen Quelle in unserem Wald zu gehen und ein wenig warten, denn dieser Zauberer kommt jedes Jahr dorthin, um Wasser für seine Mixturen zu schöpfen. Wenn mich nicht alles täuscht, ist es bis zum entsprechenden Tag nicht mehr lange hin."

Tittone rieb sich frohlockend die Hände, als er dies gehört hatte. Am selben Tag noch begab er sich zu der Quelle. Es war eine Grotte aus Bimsstein, aus der trübes, dampfendes Wasser rann. Hier ließ er sich nieder, um den Zauberer zu erwarten. Einige Zeit später, als der Vollmond am Himmel stand, erschien plötzlich eine sonderbare Gestalt an der Quelle. Sie hatte eine lange, spitze Nase, aus deren Löchern schwarze Haare ragten, die wie ein Bärtchen aufgezwirbelt waren, und trug einen Raben auf ihrer Schulter.

„Kerl, was suchst du an meiner Quelle", fuhr der Fremde unseren Tittone an.

Der Jüngling bekam im ersten Moment einen tüchtigen Schrekken. Aber er besann sich schnell, verneigte sich und sprach mit ruhiger Miene: „Sei gegrüßt, o größter Zaubermeister unter dem Himmel."

„Du kennst mich?" fragte der Zauberer verdutzt.

„Wie sollte ich dich nicht kennen! Dein Ruhm strahlt ja heller als die Sonne. Auch in meiner fernen Heimat reden die Leute staunenden Mundes von deinen gewaltigen Zauberkünsten. Meine lieben Eltern haben mich deshalb hierher geschickt, damit ich bei dir in die Lehre gehe."

Der Zauberer, der solchen Honig nicht oft um den Mund geschmiert bekam, machte sogleich ein freundlicheres Gesicht. „Mein Lehrling willst du werden? Das trifft sich bestens, Bürschchen! Gestern erst hat sich mein alter Geselle beim Zaubern versehentlich in eine Maus verwandelt und wurde von der Katze gefressen. Du kannst sofort an seine Stelle treten!"

Obgleich ihm solche Aussichten wenig behagten, willigte Tittone ohne Zaudern ein.

Nachdem der Zaubermeister seine Kürbisflasche mit dem dampfenden Wasser gefüllt hatte, mußte Tittone unter seinen Mantel kriechen, und mit einem huii flogen sie in des Zauberers bleierne Burg. Nun wurde Tittone in den Anfangsgründen der Zauberkunst unterwiesen und mußte dem Meister bei all seinen Hexereien als Gehilfe zur Seite stehen. Wehe, wenn er dabei nicht flink genug war oder mal einen Zaubersaft verwechselte oder andere Fehler beging! Der Zauberer bestrafte ihn erbarmungslos, indem er ihn für eine Weile in eine Ratte oder ein anderes Tier verwandelte und nach besten Kräften quälte.

Aber im Laufe der Zeit gab Tittone zu solchen Bestrafungen immer weniger Anlaß. Der Jüngling lernte für drei, so daß er dem Zaubermeister in manchen Dingen kaum nachstand.

,,Kräh-kräräh, lehr den Burschen nicht zuviel,
kräräh, sonst macht er mit dir,
was er will",

warnte der Rabe deshalb seinen Herrn.

Aber der Zauberer erwiderte nur: ,,Schweig still, dummes Biest! Der Bursche weiß ja nicht, was in dem großen Zauberbuch steht, welches ich in meinem Turmstübchen verborgen habe. Wie sollte er mir also gefährlich werden?"

Natürlich unterhielten sich die beiden in der Sprache der Vögel, damit Tittone sie nicht verstehen sollte. Der sperrte jedoch beide Ohren auf.

Jedes Mal, wenn die beiden außer Haus waren, ging er nun in das Turmstübchen hinauf und studierte in dem verbotenem Buch die allergeheimsten Zauberkünste.

Nach vier Wochen hatte er es zur Hälfte ausgelesen. Nach weiteren vier Wochen war er bei den letzten Seiten angelangt. Als er nun den Schluß studieren wollte, geschah es, daß der Zauberer früher als erwartet nach Hause kam und Tittone bei seinem heimlichen Tun überraschte.

Blau und grün vor Wut wurde sein Gesicht. Funken sprühten aus seinen Augen. Er hob die Hand, um Tittone für immer und ewig in einen Stein zu verwandeln. Doch er hatte den Spruch noch nicht über die Lippen gebracht, da rief Tittone: ,,Mensch bin ich,

Spatz werd' ich!" – und flog als Sperling aus dem offenen Fenster.
,,Mensch bin ich, Falke werd' ich", schrie der Zauberer und stürzte hinterher.
Ein paar Flügelschläge genügten, um Tittone einzuholen. Der aber rief: ,,Spatz bin ich – Aal werd' ich", tauchte in den Fluß und schwamm davon.
Der Zauberer stutzte einen Moment. Dann verwandelte er sich in einen Hecht und verfolgte Tittone mit aufgerissenem Maul.
,,Aal bin ich – Schwalbe werd' ich", rief der Jüngling. Rasch wie der Wind flog er als Schwalbe dahin.
,,Hecht bin ich – Adler werd' ich", schrie der Zauberer und setzte die Verfolgung fort.
Über Berge und Täler jagten sie dahin. Mehrmals war der Adler drauf und dran, die Schwalbe im Flug zu reißen. Doch sie war schnell und wendig und entwischte ihm stets. So kamen sie nach drei Tagen in die verwunschene Stadt mit dem marmornen Palast.
Die Schwalbe flog durch das Fenster ins Schlafgemach der verzauberten Königstochter, verwandelte sich in einen Edelstein und ließ sich in deren halbgeöffnetes Maul fallen. Da hatte der Zauberer zunächst das Nachsehen.
Als die Prinzessin am Morgen erwachte, fiel ihr der Edelstein aus dem Mund und kullerte zu Boden.
,,Edelstein bin ich – Granatapfel werd' ich", sprach Tittone, worauf er sich in die genannte Frucht verwandelte.
Nun sah der Zauberer seine Stunde gekommen. ,,Adler bin ich, Hahn werd' ich", rief er und fing an, den Apfel mit seinem scharfen Schnabel zu zerhacken.
Aber Tittone hatte alles gut bedacht. ,,Granatapfel bin ich – Fuchs werd' ich", wünschte er sich. Blitzschnell in einen Fuchs verwandelt, packte er den Hahn am Hals und bereitete ihm ein schnelles Ende.
Nachdem Tittone wieder menschliche Gestalt angenommen hatte, öffnete er den Kopf des Hahnes. Darin fand er, wie es im Zauberbuch gestanden hatte, ein rotes Ei. Er stieg nun auf den Altan des Palastes, warf das Ei herab, so daß es zersprang.

Kaum war dies geschehen, erhob sich die Stadt aus dem Schlaf, und ein großes Rumoren und Lärmen fing an. Die Leute redeten wieder, das Wasser sprang plätschernd aus den Röhren, Wagenräder rumpelten über das Pflaster, Fahnen flatterten im Wind, die Trompeten der Schloßwache riefen Tatata und Tututu . . . Im selben Moment war auch die häßliche Drachenhaut von der Königstochter abgefallen. Sie kam auf Tittone zu, reichte ihm die Hand und führte ihn zu ihrem Vater. Nachdem der König alles erfahren hatte, wurden die beiden Mann und Frau, und die ganze Stadt feierte ein fröhliches Fest, so daß alle Schrecknisse bald vergessen waren.

Nach einem italienischen Märchen

Der tausendstimmige Feuervogel

Hört die Geschichte von der Frau, die einen verdorrten Garten besaß. Dieser Garten war in ihrer Jugend ein blühendes Paradies gewesen, doch jetzt ragten Baum und Strauch leblos in den blauen Himmel. Kein Vogellaut erklang, keine Blüte duftete, alles war trostlos und tot. Jedes Mal, wenn die Alte dieses Bild der Trauer sah, rannen Tränen über ihre Wangen und benetzten die Erde. Doch davon wurde der Garten auch nicht zum Leben erweckt.

Nun war die Frau aber Mutter dreier Söhne. Als diese zu Männern herangewachsen, sprachen sie eines Tages: „Viele Sommer sollst du leben, Mutter, wir wissen, welcher Kummer auf deinem Herzen lastet. Sag an, was zu tun ist, um den Garten wieder zum Blühen zu bringen, und wir wollen nicht eher ruhen, bevor es vollbracht ist." „Oh, das ist schwierig", antwortete die Alte. „Aber hört zu: Am Fuße des Berges Ararat steht ein Granatapfelbaum, der eine goldene Frucht trägt. Sie könnte unsere Rettung sein, denn Asaran bulbül, der tausendstimmige Feuervogel, wohnt darin. Jedes Jahr, wenn der Apfel reif ist, kommt jedoch ein Dieb, der ihn stiehlt. Kein Sterblicher hat ihn bisher pflücken können."

„Gut, gut, was soll daran schon schwer sein!" sagte der erste Sohn. „Gib mir ein Messer und Walnüsse, ich werde es dem Dieb schon austreiben."

Und er ging, nachdem er das Gewünschte erhalten hatte, in die

Gegend des schneebedeckten Berges. Dort ließ er sich unter dem Granatapfelbaum nieder und knackte Nüsse, um sich munter zu halten. Doch bald übermannte ihn der Schlaf. Erst um Mitternacht erwachte er durch ein fürchterliches Donnern und Blitzen. Es war aber bereits zu spät. Er konnte nur noch sehen, wie sich eine Wolke auf die Krone des Baumes senkte und eine krallenbewehrte Pfote nach dem Apfel griff. Der Jüngling erblaßte, Arme und Beine waren wie gelähmt. Mit leeren Händen kehrte er nach Hause.

Ein Jahr darauf meldete sich der zweite Sohn zu Wort: „Viele Sommer sollst du leben, Mutter, ich kann nicht mehr ansehen, wie du leidest. Gib mir Walnüsse und ein Messer, ich werde den goldenen Apfel bringen."

Der Zweite gelangte ebenfalls zum Berge Ararat. Doch der Schlaf besiegte auch ihn, und wie sein Bruder trug er statt des Apfels nur einen tüchtigen Schrecken davon.

Als wieder die Zeit der Ernte nahte, erbot sich der dritte Sohn. Während seine Brüder Ebenbilder an Schönheit und Kraft darstellten, war dieser jedoch ein Krüppel. Er hinkte und konnte sich nur mit Hilfe eines Stockes fortbewegen. Deshalb sprach die Mutter: „Söhnchen, haben deine Brüder den Apfel nicht hüten können, wirst du es auch nicht schaffen. Was willst du unnütz deine schwachen Beine strapazieren?"

Da seufzte der Hinkende, daß es zum Steinerweichen war, und wollte schon klein beigeben. Doch im selben Moment vernahm er ein leises knarrendes Stimmchen:

„Oh weh und ach,
deine Beine sind schwach,
doch nicht verzagen,
sind ja stark genug,
deine Klugheit zu tragen."

Wer sang da? Kein anderer als des Hinkenden Stöcklein. Na, so ein Kerl, freute der Jüngling sich, ist ganz aus Holz und trotzdem kein Holzkopf. Recht hat er!

Und er sagte entschlossen zu seiner Mutter: „Gib mir ein Messer und ein wenig Salz, liebe Mutter. Wenn du mich nicht im Guten ziehen läßt, laufe ich fort, und du bekommst mich nie wieder zu sehen!"

Was blieb der alten Frau anderes übrig, als einzuwilligen. Der Hinkende zog los mit Stock und Salz und Messer und verbarg sich, am Berge Ararat angekommen, in der Nähe des Granatapfelbaumes. Mit dem Messer ritzte er seine Hand auf und streute Salz in die blutende Wunde. Er mußte die Zähne zusammenbeißen, um nicht laut aufzuschreien, denn das Salz brannte wie Feuer. Dieser sengende Schmerz hielt ihm die Augen auf. So sah er rechtzeitig, wie sich die schwarze Wolke dem Granatapfelbaum näherte. Als die Krallenhand nach dem goldenen Apfel langte, schleuderte er sein Messer hinauf. Aus der Wolke antwortete gräßliches Stöhnen. Zwar konnte auch er den Raub nicht verhindern, doch der Dieb war verwundet, und eine Blutspur verriet den Weg seiner Flucht.

Schleunig kehrte der Hinkende nach Hause zurück, um sich für die Verfolgung zu rüsten. Doch seine Brüder, gelb und gallig vor Neid, stießen ihn zurück und folgten selbst der blutigen Spur. Aber der Jüngste ließ sich nicht abschütteln. Mit aller Kraft hinkte er hinter ihnen her und hatte sie bald eingeholt.

„Was kriechst du uns nach? Willst uns wohl Schande machen?" rief der Älteste und schlug ihn zur Begrüßung ins Gesicht.

„Was schlägst du ihn? Ist er nicht dein Bruder wie ich!" mischte sich der Mittlere ein. „Soll er doch mitkommen und unser Bediensteter sein."

Zu dritt zogen sie weiter. Niemand weiß, wie lange sie der Fährte folgten. Endlich kamen sie zu einem tiefen Brunnenschacht, aus dem schwefligheißer Dampf aufstieg. Das war der Atem jenes Verwundeten.

Der Ältere sprach: „Laßt mich an einem Seil hinab, doch wenn ich daran rüttele und ‚Feuer' rufe, zieht mich schleunigst hoch."

Gesagt, getan. Sie senkten ihn in den finsteren Schacht. Nicht lange, da gellte sein Schreien herauf, und sie mußten ihn wieder ans Licht holen.

Dem mittleren Bruder erging es nicht anders. Als auch der Hinkende einen Versuch wagen wollte, entgegneten die Brüder höhnisch: ,,Du, ausgerechnet du? Was willst du unnötig deine schwachen Beine strapazieren!"
Der Hinkende wollte schon verzagen, wie er es gewohnt war. Im selben Augenblick vernahm er jedoch das bekannte Stimmchen:

,,O weh und ach,
deine Beine sind schwach,
doch nicht verzagen,
sind ja stark genug,
deinen Mut zu tragen."

Da mußte er über seine Verzagtheit lächeln und rief: ,,Was schadet euch ein Versuch? Laßt mich nur hinab. Aber merkt euch: Rüttle ich am Seil und rufe ,Feuer, Feuer', so dürft ihr nicht darauf hören, sondern müßt mich tiefer und immer tiefer senken, bis ich auf festem Grund stehe."
Die Brüder waren einverstanden. Sie hörten also nicht auf sein Schreien und Rütteln. So kam der Hinkende in die untere Welt, wo die Sonne so bleich schien wie auf Erden der morgendliche Mond.
Keinen Steinwurf weit erhob sich ein granitenes Schloß mit vielen hellerleuchteten Fenstern. Mit seinem Stock klopfte der Jüngling an. Da niemand antwortete, ging er durch die unverschlossene Tür, schritt durch zahllose Räume, ohne einem Bewohner zu begegnen.
Endlich kam er in ein Zimmer, in welchem ein schönes Mädchen weinend am Backtrog stand. Es rührte Brotteig an, und seine Tränen befeuchteten das Mehl.
,,He, du Himmelhund, die kriechende Schlange und der gefiederte Vogel können nicht hier eindringen, wie bist du hergekommen?" rief das Mädchen erstaunt, als es den Hinkenden bemerkte. ,,Weißt du nicht, daß in diesem Haus ein schrecklicher Drache wohnt? Er ist zwar verwundet, doch wenn er dich findet, bleibt nicht einmal ein Ohr von dir übrig!"

„Diesem Drachen bin ich auf der Spur", antwortete der Hinkende. Das Mädchen sprach: „Ich weiß nicht, wo er zu finden ist. Doch in jener Kammer dort triffst du meine Schwester. Sie kann es dir sagen."

War das erste Mädchen schön wie der Abendstern, so wurde es von seiner Schwester noch übertroffen, denn diese glich der Sonne. Sie stand am Herd und briet Schaschlyk. „He, Himmelhund, wie bist du hier eingedrungen, wohin kein Vogel gelangt?" rief sie verwundert aus.

„Ich komme wegen des Drachen", gab ihr der Jüngling Bescheid. „Sag schnell, wo ich ihn finden kann."

„Geh zu unserer jüngsten Schwester. Sie ist die Schönste von uns und muß ihn deshalb bedienen. Sie allein weiß Bescheid."

Die Jüngste saß auf dem Teppich und spielte mit dem goldenen Apfel. So reizend war das Mädchen, daß der Hinkende fast das Atmen vergaß.

„Was suchst du hier, Himmelhund?" fragte das Mädchen. „Wenn dich der Drache findet, sind wir alle verloren!"

„Ich bin gekommen, den goldenen Granatapfel zu holen. Und wenn du mir verrätst, wo ich den Drachen finde und wie er zu besiegen ist, will ich dich für immer von ihm befreien."

Sie antwortete: „Der Drache liegt verwundet in seinem Gemach. Sind seine Augen auf, so schläft er, hat er sie aber geschlossen, liegt er wach. Bei seinem Haupt steht ein Fläschchen Wasser, ihm zu Füßen steht eines mit Gift. Die mußt du umtauschen. Dann gibst du ihm einen kräftigen Hieb auf die Nase. ‚Komm, wir wollen miteinander einen heben', wird er sogleich rufen und dir die Flasche reichen. Du mußt darauf achten, daß er die mit dem Gift bekommt!"

Der Hinkende tat, wie ihm die Schöne geheißen. Und was geschah? Kaum war der haarige Kerl wach, griff er nach der Flasche und trank. Da wurde er rot wie ein Krebs in siedendem Wasser und brüllte: „Daß euch die Erde verschlinge! Ihr Schlechten habt mein Geheimnis verraten . . ." Und das waren die letzten Worte, welche dem Ungeheuer über die Lippen kamen.

Nun führten die Mädchen den Hinkenden mit sich und zeigten ihm die Schätze des Drachen: Gold und Edelsteine, Waffen und reichbestickte Gewänder. Er schnürte davon jedem der Mädchen ein schönes Bündel. Dann gingen sie zu der Stelle, wo das Seil aus der oberen Welt herabhing.

„Ho, ich habe euch etwas mitgebracht!" rief der Hinkende zu seinen Brüdern hinauf. „Für jeden eine hübsche Braut samt Aussteuer. Die Ältere für den älteren Bruder, die Zweite für den Mittleren und die Jüngste für mich."

Die Mädchen mit ihren Bündeln wurden nun hinaufgezerrt. Als die beiden älteren Schwestern oben waren, zog die jüngste, die sich in den Herzen der Menschen auskannte, den Hinkenden am Ärmel und sprach: „Laß dich zuerst hinaufziehen, Bursche! Denn wenn mich deine Brüder erblicken, wird der Neid in ihnen erwachen, und sie werden dich vergessen."

Aber der Hinkende fuhr sie an: „Wie denn, sie sollten mich hier zurücklassen wollen? Das glaube wer will, sie sind doch meine leiblichen Brüder!"

„Nun, wie du meinst", entgegnete das Mädchen. „Ich will dir zum Trost sagen: Du wirst viel Mühsal zu erdulden haben, aber doch Sieger bleiben. Wenn du in Not gerätst, verbrenne einfach deinen Stock. Der erste Wunsch, den du aussprichst, wird augenblicklich in Erfüllung gehen. Und nun lebe wohl!"

Kaum hatten die Brüder die Schöne mit dem goldenen Apfel in Augenschein genommen, sprachen sie voller Neid: „Seht an, dieser Krüppelkerl will die Beste für sich haben. Das soll er uns büßen!"

Und sie holten das Seil ein und ließen den Bruder in der dunklen Tiefe zurück. Beladen mit ihren Reichtümern, begaben sie sich auf den Heimweg. In der heimatlichen Stadt angekommen, berichteten sie, daß sie den Apfeldieb unschädlich gemacht hätten und ihr Bruder dabei umgekommen sei. Da zog die Mutter Trauerkleidung an und weinte neun Tage ohne Unterlaß. Die Söhne sprachen aber zu ihr: „Möge die Sonne dir noch viele Jahre scheinen, Mutter, was trauerst du so lange um unseren armen Bruder? Freue dich lieber, daß wir beide heil zurückgekehrt sind und den goldenen Granatapfel gebracht haben! Laß uns endlich den tausendstimmigen Asaran-bulbül erwecken, damit er unseren Garten zum Blühen bringt." Die Mutter mußte ihren Söhnen beipflichten. Sie legte die Trauergewänder ab, doch ihre Augen wurden nie trokken, denn sie konnte ihren Jüngsten nicht vergessen.

Sechs Tage wurde der goldene Granatapfel nun von den wärmenden Strahlen der Sonne wie von einer Glucke bebrütet und sechs Nächte vom silberkühlen Licht des Mondes gekühlt. Am siebenten Tag vernahm man aus dem Innern der Frucht ein zartes Pochen und Picken, die goldene Hülle zersprang, und ein Vogel schlüpfte heraus, wie man prächtiger noch keinen gesehen hatte. Wie Feuer in finsterer Nacht leuchtete sein Gefieder. Asaran-bulbül erhob sich in die Luft und ließ sich auf einem der verdorrten Bäume nieder.

Vor Begeisterung klopften sich die Brüder gegenseitig auf die Schultern. Aber die Mutter fragte besorgt: „Warum singt er nicht? Bringt ihn zum Singen, meine Söhne, damit mein Garten grüne und blühe und meine Seele wieder eine Freude hat!"

„Laß mich das tun, ich bin der Älteste", rief der Erste. „Nun los, Asaran, teures Vögelchen! Lockere deine Kehle, singe! Hab ich dich nicht mit aller Tapferkeit aus der unteren Welt befreit."

Der Feuervogel schwieg.

„Ich war's, der dich dem Ungeheuer entrissen", fiel ihm der Zweite ins Wort. „Auf mich höre, mein Edelstein, mein Lebenswekker, mein Goldfederchen, singe, so singe doch!"

Der Vogel gab keinen Laut von sich.

Da wurde der Älteste zornig, riß eine Gerte vom Strauch und schlug nach dem schönen Tier. – Aber es schüttelte nur sein Gefieder, und die vertrockneten Blätter raschelten traurig im Wind.

Doch lassen wir die Unseligen einstweilen hier zurück und schauen, wie es indes dem Jüngsten erging, der noch immer in der unteren Welt weilte.

Nachdem seine Brüder mit den Mädchen fortgezogen waren,

setzte er sich auf einen Felsblock und hing trüben Gedanken nach. Dabei kam ihm der Rat der Jüngsten in den Sinn. Er drehte seinen treuen Stock unschlüssig in den Händen und seufzte: ,,Ach, wenn ich dich verbrennen würde, käme ich gewiß – eins, zwei, drei – hinauf ans Licht . . ."
,,So tu's doch, ich bin ja nur aus Holz, es wird mir schon nicht wehtun", bestärkte ihn der Stecken.
Aber der Hinkende sagte: ,,Ich mag dich nicht opfern, mein Freund. Wer weiß, ob es nicht auch einen anderen Weg nach oben gibt."
Er stand auf und ging auf gut Glück los. Eines Tages rastete er unter einem Baum, in dessen Krone ein Adlernest war. Wie er seine müden Beine ein wenig von sich strecken wollte, kam eine Schlange und wand sich am Baumstamm empor. Die Adlerjungen krächzten ängstlich, denn ihre Eltern waren ausgeflogen, und die Schlange wollte sie töten. Da ergriff der Hinkende sein Messer und schnitt dem gefräßigen Reptil kurzerhand den Kopf ab. Aber das tötete die Schlange noch nicht. Im Sande liegend sprach ihr Kopf: ,,Oho, du Schandbube, für dich habe ich noch ein paar Brüder." Und wirklich, der Schlange wuchsen augenblicklich zwölf neue Köpfe, und sie griff züngelnd den Hinkenden an.
Jetzt hätte er seinen Stecken wohl gern verbrennen mögen! Doch es war nicht einmal Zeit, den Feuerstein aus der Tasche zu ziehen. Den ganzen Tag rang der Hinkende mit dem Scheusal, auf dem Boden liegend, mit bloßen Händen, bis er es zur Strecke gebracht hatte. Nach dem Kampf war er so erschöpft, daß er auf der Stelle in tiefen Schlaf sank.
Als er die Augen wieder aufschlug, schwebte der alte Adler über ihm und fächelte mit seinen Schwingen frische Luft. ,,Die Tage meines Lebens reichen nicht aus, meine Schuld abzutragen, du tapferer Jüngling", sprach der Adler. ,,Jahr für Jahr haben wir Junge ausgebrütet, doch stets hat sie die Schlange, unser Feind, umgebracht. Wie soll ich dir deine Guttat nur vergelten?"
Der Hinkende erwiderte: ,,Mögen dir jedes Jahr ein Dutzend Junge heranwachsen, König der Lüfte. Ich habe nur einen Wunsch:

Bring mich in die Welt zurück, aus der ich gekommen bin." ,,Das ist eine schwere Aufgabe, aber wenn du vierzig Schläuche Wasser und vierzig fette Widder herbeischaffst, will ich es versuchen."
Froh, der Erfüllung seines heißen Wunsches nahe zu sein, versprach der Hinkende, das Geforderte zu beschaffen. Doch war das leichter gesagt als getan. Die fetten Widder kamen ja nicht von selbst gelaufen. Wieder wog er sein Stöcklein nachdenklich in der Hand: Ein kleines Feuer würde genügen . . . Und es ermunterte ihn noch: ,,Verbrenne mich! Ich bin ja nur aus Holz."
Aber der Jüngling sprach: ,,Laß mich nachdenken, ob ich die Wegzehrung nicht auch anders herbeischaffen kann."
Der Hinkende dachte eine Weile nach, dann fällte er eine junge Zeder, band sein Messer daran und ging mit diesem Speer auf Jagd. Niemand weiß, wie lange er sich quälte, um auf diese Weise die vierzig Widder zu erlegen und aus ihren Häuten Wasserschläuche zu machen. Aber er schaffte es und kehrte zum Horst des Adlers zurück.
,,Lege mir alles auf die Flügel und setze dich auf meinen Hals", befahl der Vogel. ,,Wenn ich birr! rufe, gib Wasser. Rufe ich kirr!, so reiche mir Fleisch."
Nun erhoben sie sich in die Lüfte und flogen dem Land der Sonne entgegen. Der Hinkende fütterte seinen Gefährten, wann immer dieser nach Nahrung schrie. Bald waren jedoch die vierzig Widder aufgezehrt. Da schnitt sich der Jüngling die Waden aus den Beinen und reichte sie dem Adler. So kamen sie endlich an ihr Ziel.
Der Vogel setzte den Hinkenden auf der Heimaterde nieder, doch die Beine trugen ihn nicht, er stürzte zu Boden.
,,Was ist dir?" fragte der Adler.
,,Nichts, nichts, vom langen Flug sind meine Beine etwas steif", beschwichtigte ihn der Jüngling.
Da breitete der Adler seine Schwingen aus, erhob sich in die Luft und kehrte zu seinen Jungen zurück. Der Hinkende aber entzündete ein Feuer und sprach zu seinem Stock: ,,Gute Dienste hast du mir erwiesen, Freund, nun aber sollst du mir den größten tun: Gesunde, kräftige Beine wünsche ich mir!"

Mit diesen Worten übergab er den Stock den Flammen. Kaum war er verbrannt, konnte sich der Jüngling erheben. Kräftig ausschreitend, wanderte er zu den Toren seiner Stadt. Hier erkundigte er sich bei einem Schäfer, wie es seiner Familie inzwischen ergangen war. Er erfuhr, daß zwischen den Brüdern ein heftiger Streit ausgebrochen war, denn ein jeder wollte die Jüngste zur Frau haben. Unser Jüngling ließ sich vom Schäfer eine frische Lammhaut geben und band sie so um sein Haupt, daß er wie ein Kahlkopf aussah. So betrat er das Haus seiner Familie und sprach: ,,Ein langes Leben euch allen, was streitet ihr euch Falten ins Gesicht?"
,,Ach, Fremder, was sollen wir nur tun?" barmten die streitenden Brüder. ,,Nicht einmal des Königs Wesire und Richter können unseren Streitfall lösen."
,,Nun ja, wenn die Nase nicht dazwischen wäre, würden sich selbst die Augen streiten. Aber halb so schlimm! Gebt mir Pilaw zu essen und ein Lager für die Nacht, so will ich morgen versuchen, ob ich euch helfen kann."
Die Brüder bewirteten den Kahlkopf reichlich und sorgten für ein weiches Nachtlager. Tags darauf begaben sich alle in den Garten, auch die Mutter war dabei. Der Garten sah noch immer so grau und trostlos aus, und Asaran-bulbüls prächtiges Gefieder war mit einer dicken Staubschicht bedeckt.
,,Was ist das für ein seltsamer Vogel?" rief der Kahlköpfige aus, als er Asaran-bulbül auf einem Baum entdeckte. ,,Wie ist er in euren Garten gekommen?"
Der Älteste brüstete sich sogleich: ,,Ich habe ihn aus der unteren Welt geholt, einem Drachen eigenhändig abgejagt."
,,Wie hast du das fertiggebracht?"
,,Durch einen tiefen Schacht stieg ich hinab. Es war ganz dunkel, und ich kam an einen großen See, in dem der Drache hauste. Den See trank ich aus, den Drachen erwürgte ich. So kam ich zu dem goldenen Apfel, aus welchem der Vogel geschlüpft ist."
,,Wenn's so ist, wirst du den Feuervogel gewiß zum Singen bringen", erwiderte der Kahlköpfige. ,,Und wer ihn zum Singen bringt, soll die Jüngste zur Frau nehmen."

Mit allen Mitteln versuchte der Älteste, Asaran-bulbül zum Singen zu bewegen, doch die Kehle des Zaubervogels blieb wie versteinert.
,,Kein Wunder, daß er es nicht schafft", meldete sich nun der Mittlere. ,,Erblinden soll er, der Lügner, denn in Wirklichkeit war ich es, der den goldenen Apfel ans Licht holte."
,,Und wie hast du es fertiggebracht?"
,,Ich stieg hinab in die Dunkelwelt und kam zu einem großen Berg aus Eis. Darin hielt der Drache sich versteckt. Ich hauchte den Berg solange an, bis er schmolz. Dann erschlug ich den Drachen mit meinem Schwert und brachte den Apfel, die Mädchen und alle Schätze herauf."
Auch der Mittlere gab sich alle erdenkliche Mühe, er schmeichelte, bettelte und drohte, aber umsonst, der Feuervogel schwieg.
,,Vielleicht ist er stumm?" meinte der Mittlere.
,,Oder krank?" erwog der Älteste.
Da sprach der Kahlkopf wie im Scherz: ,,Laßt es mich einmal versuchen."
Bei ihm, das kann man sich denken, genügte ein einziges Wort, und Asaran-bulbül begann mit tausend Stimmen zu singen, worauf der Garten in tausend und abertausend Farben erblühte. Die alte Mutter wußte beim Anblick vor Freude nicht aus noch ein. Und wer kann ihr Glück beschreiben, als der Kahlköpfige die Schafshaut vom Kopf nahm und sich als ihr verlorengeglaubter Sohn zu erkennen gab!
Sieben Tage später feierte die ganze Stadt ein großes Fest, denn es fanden drei Hochzeiten zugleich statt. Der Jüngste nahm die Jüngste zur Frau. Doch auch die Brüder durften heiraten, jene Mädchen, die ihnen zugedacht waren.
Vom Himmel sind drei Äpfel gefallen: einer für den Märchenerzähler, einer für den Zuhörer und der dritte für den heimlichen Lauscher an der Tür.

Nach einem armenischen Märchen

Der betrogene Drache

Es war einmal ein armer Zigeuner. Der hatte so viele Kinder wie ein Sieb Löcher hat – und noch ein paar mehr. Wie viele es eigentlich waren, wußte er selbst nicht genau. So oft er sie zählen wollte, kam er nämlich ganz durcheinander, weil die muntere Schar nie stillstehen konnte. Und so zählte er manchmal siebzehn, dann wieder siebenundzwanzig. Daß er, wenn man ihn fragte, die Zahl seiner Sprößlinge nie angeben konnte, war ihm natürlich sehr peinlich.
Die Kinder des Zigeuners, Jungen wie Mädchen, hatten allesamt einen gesunden Appetit. Wann immer der Vater die Hütte betrat, gellte es ihm entgegen: „Hunger! Vater, wir haben Hunger!"
Den Sommer über konnten die Eltern die vielen Mäuler noch recht und schlecht stopfen. Nun aber, da die kalte Jahreszeit nahte, kratzte sich der Zigeuner besorgt am Schädel und sprach: „Liebe Frau, ich will in die Welt ziehen und etwas Essen auftreiben, damit unsere Kinder im Winter nicht verhungern."
Wie gesagt, so getan. Der Zigeuner zog seinen Schafspelz über, dann wanderte er los. Er lief und lief. Nach einigen Tagen gelangte er an das Ende der Welt. Dort war eine steinige Bergwiese, auf der ein Hirt seine Ziegen hütete.
„He Freund, hast du nicht ein Stück Käse für mich?" fragte der Zigeuner. „Meine Kinder essen mir sonst die Haare vom Schädel, wenn der Winter kommt."

Der Hirt schüttelte traurig den Kopf. „Ach, Zigeuner, ich habe ja selbst keinen Krümel. Jedes Mal, wenn ich Käse mache und dieser reif wird, kommt nämlich ein mächtiger Drache daher und frißt mir alles weg. Was soll ich nur tun? Gegen einen Drachen sind Menschlein wie du und ich machtlos."

„Ja, ja, solch einem Ungeheuer geht man am besten aus dem Weg", pflichtete ihm der Zigeuner bei und wollte sich schon zum Gehen wenden. Aber im selben Moment kamen ihm seine Frau und die hungrigen Kinder wieder in den Sinn. Da schämte er sich seiner Feigheit und fragte kurzentschlossen: „Was gibst du mir, wenn ich den Drachen verjage?"

„Milch und Käse werd ich dir jede Woche bringen", versprach der Hirt.

„Dann will ich es tun."

Nachdem sich die beiden geeinigt hatten, bereitete der Hirt frischen Käse, stellte ihn zum Reifen an den Herd und ließ den Zigeuner dann alleine.

Gegen Mitternacht kam das Ungeheuer in die Hütte. Es war so groß, daß es kaum durch die Tür paßte. Sein Maul war breiter als das eines Frosches. Es besaß nur ein einziges Auge, das rot aus seiner Stirn leuchtete.

Unserem Zigeuner schlotterten bei diesem Anblick die Knie. Doch er nahm seinen ganzen Mut zusammen und brüllte mit tiefer Stimme: „He, was bist du für ein Kerl?"

Der Unhold stand bereits schmatzend am Käsebrett. „Ich bin's, der Drache!"

„Der Drache? Ei was, in meinen Augen bist du nur ein Käsefresser, eine stinkende Wanze!"

Als der Einäugige sich nun nach dem Zigeuner umblickte, setzte dieser mit furchterregend klingendem Baß noch hinzu: „Und wenn du nicht augenblicklich verschwindest, falte ich dich zusammen wie ein Taschentuch und putze mir die Nase mit dir. – So wahr ich der gefürchtete Steindrücker und Feuerstampfer bin!"

„Ho-ho, du nimmst deinen Mund tüchtig voll", antwortete der Drache kauend.

„Glaubst du mir etwa nicht? Schau her!" Der Zigeuner zog einen weichen Käse aus dem Hemd, wog ihn wie einen Stein in der Hand und preßte ihn dann zusammen, daß das Wasser spritzte. Gleichzeitig stampfte er mit seinen Schuhen in der Asche herum, die aus dem Herd gefallen war, so daß die Funken nach allen Seiten stoben.

Der Drache staunte; sein Auge trat so weit aus der Höhle, daß man es glatt mit einer Axt hätte abschlagen können. „Oh, du bist ein geschickter Kerl, wie ich sehe! Hast du nicht Lust, in meine Dienste zu treten? Ich zahle einen Dukaten für jeden Tag."

Als der Zigeuner das verlockende Angebot vernahm, blieb ihm vor Freude der Mund offen stehen. Aber er besann sich rasch. „Hol dich der Teufel! Denkst du, ich bin als Dienstbote auf die Welt gekommen? Ich bewohne ein Schloß, mußt du wissen, und habe ein zahlreiches Gefolge. Doch wenn du mir sieben Dukaten zahlst, will ich mir's überlegen."

Der Drache brummte ein wenig – und willigte ein.

Am anderen Morgen brachen die beiden zum Hause des Ungeheuers auf. Zuerst ging der Drache voran. Seine Schritte waren aber so mächtig, daß der kurzbeinige Zigeuner bald atemlos zurückblieb. Da befahl der Unhold, vor ihm zu laufen. Jetzt aber flog das Zigeunerchen bei jedem Atemstoß des Einäugigen eine halbe Meile voran, während es ihn beim Einatmen wieder zurückzog, und dabei kullerte es dem Drachen jedes Mal vor die Füße. Dieser schaute sich das Spiel eine ganze Weile verwundert an. Dann kamen ihm Zweifel, ob der Zigeuner wirklich so stark sei, wie er behauptet hatte, und er forderte ihn zu einem Ringkampf heraus.

Man kann sich vorstellen, wie dem armen Kerl zumute war, als er dem schnaufenden Ungeheuer gegenüberstand! Zwar zog er ein kampfentschlossenes Gesicht und fuchtelte wild mit den Armen herum. Aber was half es! Schon beim ersten Stoß des Einäugigen lag das Fliegengewicht zappelnd am Boden.

„He, Steindrücker, wo bleibt deine gewaltige Kraft, mit der du so geprahlt hast?"

Der Zigeuner rappelte sich eilig auf. „Hol dich der Teufel! Siehst du nicht, daß ich bloß auf einem Fuchsdreck ausgeglitten bin. Aber nun zähle deine Knochen, ich mache ernst!"
Kaum stand der Zigeuner wieder auf den Beinen, ließ der Drache nur ein wenig seine Muskeln spielen, und der mutige Kämpfer sauste erneut zu Boden. Der arme Zigeuner! Nun kniete das zentnerschwere Ungeheuer sogar auf seiner Brust. Die Luft wurde ihm knapp, die Augen traten ihm aus den Höhlen.
„He, Feuerstampfer, wo bleibt deine gewaltige Kraft, mit der du so geprahlt hast? Was verdrehst du plötzlich deine Augen?"
Der Zigeuner war mehr tot als lebendig. Zum Glück hatte sein Mundwerk noch keinen Schaden genommen.
„Warum ich so mit den Augen kreise?" preßte er mit letzter Kraft hervor. „Nun, ich schaue mich um, ob ich dich Elenden auf den Mond oder auf die Sonne schleudern soll, wenn ich mich jetzt erhebe!"
Die großen Worte des Zigeuners machten auf den Drachen solch starken Eindruck, daß die Angst wieder auf seiner Seite war. Erschrocken ließ er von seinem Opfer ab und schaute zum Himmel.
„Aber das war doch nur Spaß, Freund, ein Scherz, mein Bester. Komm, laß uns in Freundschaft weiterziehen."
So kamen sie nach einiger Zeit in der finsteren Behausung des Drachen an. Der Zigeuner ahnte wohl, daß ihm hier nichts Gutes blühte, aber er sagte sich: „Er oder ich!" – und harrte gelassen der Dinge, die da kommen sollten.
„Freund, wir wollen uns zum Abend eine gute Suppe kochen", sprach kurz darauf der Drache. „Lauf zum Brunnen und hole die Wassereimer, die dort stehen. An Kraft wird's dir ja nicht fehlen!"
Brav trabte der Zigeuner zum Brunnen. Aber, oh Schreck! Die Eimer waren so riesengroß und schwer, daß ihm schon vom Ansehen der Schweiß den Rücken hinunterlief. Was nun? überlegte er. Laufe ich weg, komme ich um die schönen Dukaten, bleib' ich aber hier und bringe die Eimer nicht, so bringt mich der Drache gewiß ums Leben . . .
Da sah er den Drachen herbeieilen. Hurtig zog der arme Zigeuner

sein Messer hervor und begann, rund um den Brunnen einen Graben auszustechen.

„Ho, willst du mir meinen Brunnen zerstören", schrie ärgerlich das Ungeheuer.

„Ach was, ich grab ihn nur aus und trag ihn dir in die Küche, damit die Kleckerarbeit mit den Eimern aufhört."

Jetzt war es der Drache, der erschrocken sein Auge verdrehte.

„Wie, meinen Brunnen willst du mir fortschleppen? Dann will ich die Eimer lieber selbst tragen", schnaubte das verdutzte Ungeheuer.

„Na, wenn du unbedingt darauf bestehst", willigte der Zigeuner ein. „Aber paß auf, daß du dir den Bauch nicht bespritzt!"

Wenig später erhielt der Zigeuner einen neuen Auftrag.

„In meinem Wald steht ein alter trockener Eichenbaum. Reiß ihn heraus und bring ihn in die Küche, damit wir ein ordentliches Feuer machen können! Im Wald wirst du ja mit deiner übermäßigen Kraft kein Unheil anrichten können."

Unser Zigeuner machte sich pfeifend auf den Weg. Bald hatte er die alte Eiche gefunden. Beim näheren Hinsehen blieb ihm die Musik jäh im Halse stecken, denn der Baum war so hoch und fest wie ein Kirchturm.

Was nun? überlegte er. Laufe ich weg, komme ich um die schönen Dukaten, bleib' ich aber hier und bringe den Baum nicht, so bringt mich der Drache gewiß ums Leben . . . Wie er so nachdachte, sah er den Einäugigen durch den Wald kommen. Rasch kletterte er auf eine Linde. Er versteckte sich aber nicht, sondern schälte die Rinde vom Stamm und wand ein Seil daraus, mit dem er nun eilig einen Baum nach dem anderen miteinander verband.

„He, Steindrücker, was treibst du da? Wie lange soll ich noch auf mein Holz warten?"

„Was ich hier treibe? Bist du blind?"

„Wieso?"

„Na, sonst würdest du sehen, daß ich dir einen großen Dienst erweisen will. Sieh mal, jeden Tag einen Baum nach Hause zu

schleppen, das ist doch Schwachsinn. Deshalb binde ich jetzt mit meinem Seil den ganzen Wald zusammen. Und mit einem Ruck haben wir einen schönen Wintervorrat beisammen."
„Den ganzen Wald?" fragte der Drache und fletschte entsetzt die Zähne.
„Ei freilich", erwiderte der Zigeuner seelenruhig, „ruck und zuck. Und dann trage ich den Wald auf der rechten Schulter nach Hause. Denn auf der linken schlepp' ich ja nur die ganz schweren Brocken."
Wie er nun Anstalten machte, den Wald mit dem Seil herauszureißen, fiel ihm der Drache hastig in den Arm.
„Freund, laß gut sein. Laß mir den Wald um Himmels willen stehen! Lieber will ich mein Holz selber tragen."
Und er riß die Eiche eilends aus dem Boden, schulterte sie ächzend und trug den Baum nach Hause.
Nach dem Abendessen wies er dem Zigeuner eine Schlafstelle zu. Der legte sich nieder, konnte aber keinen Schlaf finden, denn nebenan hörte er den Hausherrn unentwegt rumoren. Dem Drachen war der Zigeuner inzwischen vollends unheimlich geworden, und er überlegte angestrengt, wie er sich den Teufelskerl vom Hals schaffen könne. Glücklicherweise führte der Unhold dabei Selbstgespräche, so daß der Zigeuner von seinen Plänen Wind bekam. Er stieg aus dem Bett, schob vorsorglich einen Backtrog unter die Zudecke, legte seine Mütze an das Kopfende und kroch zum Schlafen auf den Ofen.
Gegen Mitternacht rumpelte der Drache in die Kammer, die eiserne Mörserkeule in der Hand. Er ging zum Bett, tastete nach der Mütze. Dann rumste es dreimal so stark, daß der Zigeuner vor Schreck ganz starr wurde. Am Morgen, als die Sonne hell durch das Fenster schien, rappelte er sich auf und weckte den Drachen.
Der wollte seinem Auge nicht trauen: „Wie hast du geschlafen?"
„Ach, reden wir lieber nicht darüber", entgegnete der Zigeuner großspurig. „Sonst bekomme ich wahrlich noch Lust, dein elendes Haus in Grund und Boden zu stampfen. Es gibt gar zuviel

Ungeziefer hier. Mitten in der Nacht hat ein Floh mich in die Stirn gebissen, das juckt und juckt, will gar nicht mehr aufhören."
Über diese Worte geriet der Drache derart in Angst, daß seine Schuppen zu klappern begannen wie lockere Dachschindeln beim Sturm. ,,Bester Freund, dann will ich dir lieber deinen Lohn auszahlen und dich ziehen lassen." Eilig füllte er einen Sack mit Dukaten. So viel Geld hatte der Zigeuner noch nie gesehen! Sein Herz hüpfte vor Freude. Er wollte den Sack schon ergreifen, merkte aber im letzten Augenblick, daß dieser schwer wie ein Felsbrocken war. ,,In Ordnung, mein Lieber, wenn ich dir einen Gefallen damit erweisen kann, werde ich dein Haus verlassen", sprach der Zigeuner. ,,Aber bilde dir nicht ein, daß ich meinen Lohn auch noch selbst nach Hause trage. Was würde mein Gefolge von mir denken, wenn ich wie ein Packesel bei meinem Schloß ankomme? Den kleinen Freundschaftsdienst mußt du mir schon erweisen, Bester. An Kraft wird's dir ja nicht fehlen!"
Der Drache hatte nichts Eiligeres zu tun, als den Geldsack zu schultern und loszulaufen.
Wie sie sich nach einiger Zeit dem Dorf näherten, erhob sich dort ein großes Geschrei. ,,Vater, Vater, was hast du uns zu essen mitgebracht?" schrien die Kinder des Zigeuners und kamen den beiden, mit Messern und Löffeln bewaffnet, entgegengestürmt.
Dieser Anblick jagte dem Einäugigen einen furchtbaren Schreck ein, dachte er doch, die Kinder hätten es auf Drachenfleisch abgesehen. Er ließ den Geldsack fallen und flüchtete, so schnell er konnte. Fortan ließ er sich bei den Menschen nicht mehr sehen.
Der gewitzte Zigeuner aber holte aus dem Dorf einen Wagen, lud das Geld darauf und brachte es voller Stolz nach Hause. Nun hatte die Not für alle Zeit ein Ende. Von dem Geld konnten sie Mehl und Fleisch und Zucker kaufen. Milch und Käse brachte regelmäßig der Hirte, wie er es versprochen hatte. Endlich hatten die Kinder genug zu essen. Und wenn sie nicht gestorben sind, dann schmausen sie noch heute.

Nach einem Zigeunermärchen aus der Bukowina

Warum es keinen Drachen mehr gibt

In alten Zeiten waren die Tiere noch Menschen, und die Menschen waren Tiere. An Nahrung mangelte es ihnen nicht, denn die Erde war jung und freigebig und schenkte Lilienzwiebeln und Honig, Muscheln und Yamswurzeln in Hülle und Fülle. So lebten alle Geschöpfe glücklich und zufrieden – bis eines Tages Mungoon-gali aus dem Meer stieg, ein giftiger Drache.

Groß war Mungoon-gali, größer noch als ein ausgewachsenes Känguruh. Stark war Mungoon-gali, seinen Krallen, die lang wie Speere waren, konnte keiner entkommen. Vor allem war er aber durch das Gift gefährlich, das er in einem Fellsäckchen in seinem Maul verborgen hielt.

Das Ungeheuer bezog eine Felsengrotte am Fuße des großen Berges. Tags schlief es darin, in der Dunkelheit aber kroch es heraus und ging auf die Jagd. Muscheln und Yamswurzeln verschmähte der Drache, Menschen hingegen waren seine Lieblingsnahrung. Ob groß oder klein, dick oder dünn, er fraß jeden, der ihm über den Weg lief. Die Menschen fanden keine Ruhe mehr. Die wenigen, die noch übrig waren, hielten sich in ihren Hütten verborgen. Aber auch dort spürte der Drache sie auf.

Geraume Zeit verstrich. Je länger das wüste Treiben des Ungeheuers währte, um so größer wurde der Zorn aller Lebewesen. Auch

die Tiere verfluchten Mungoon-gali, denn jede Sippe der Tiere war mit einer Menschensippe verwandt, so daß auch sie vom Leid betroffen waren. Schließlich berief der Weiße Adler auf dem Beratungsplatz am Rande des Eukalyptushains eine große Versammlung der Tiere ein.
Es kam das Känguruh, sein Kind im Beutel tragend, mit ihm trafen Beutelkatze und Beutelmaus ein. Kakadu und Leierschwanz, Papagei und Wellensittich flatterten krakeelend über den Köpfen der Tiere herum. Schildkröte und Koala, Flughund und Schnabeligel, Schlange, Strauß und Wüstenspringer – kurz, alle Bewohner der Wüste und des Waldes erschienen.
War das ein Krächzen und Schreien, ein Quieken und Knurren! Der Weiße Adler vermochte sich kaum Gehör zu verschaffen, als er die Versammlung eröffnen wollte.
,,Hört, Brüder, hört! Unsere zweibeinigen Verwandten schweben in großer Gefahr. Mungoon-gali, der blutrünstige Menschenfresser, wird ihren Stamm ausrotten, wenn wir länger tatenlos zusehen. Laßt uns also überlegen, wie wir unseren Brüdern helfen können!"
Es wurde ruhiger auf dem Versammlungsplatz, die Tiere hielten untereinander Rat. ,,Um die Menschen ist es tatsächlich schlimm bestellt", sprach Bohra, das Känguruh. ,,Sie haben weder einen festen Panzer wie die Schildkröte, noch starke Krallen wie der Adler. Weder vermögen sie zu fliegen wie der Kranich, noch ihren Feinden mit schnellen Beinen zu entfliehen wie ich. Arme Menschen! Wenn wir ihnen nicht beistehen, ist es um sie geschehen. Deshalb stimme ich dem Weißen Adler zu: Wir müssen sie von dem gefräßigen Drachen befreien!"
,,Wahr gesprochen", riefen die anderen Tiere. ,,Aber kannst du auch sagen, wie wir gegen ihn ankommen sollen? Sein Gift ist doch stärker als wir alle zusammen!"
Nun erhob die Schildkröte ihren Kopf und sprach: ,,Es wird tatsächlich nicht einfach sein, ihn zu bezwingen. Wenn überhaupt, dann schaffen wir es nur mit List. Hört deshalb meinen Vorschlag. Unweit von hier wächst an einer verborgenen Stelle ein

Schlafstrauch. Einige seiner Blätter will ich pflücken und Mungoon-gali in die Höhle legen. Kehrt er heim, wird er in tiefen Schlaf sinken. Und dann müssen wir alle über ihn herfallen!"
Dieser Vorschlag war ganz nach dem Geschmack der Tiere. Mit freudigem Geschrei ließen sie die Schildkröte hoch leben und tanzten und sangen, als sei der Drache schon aus der Welt geschafft.
Aber sie hatten zu früh gejubelt! Zwar gelang es der Schildkröte, die Schlafstrauchblätter in die Drachenhöhle zu schmuggeln. Doch kaum war Mungoon-gali heimgekehrt, drang aus der Höhle wütendes Schnauben. Mit seiner scharfen Nase hatte er den bitteren Duft der Blätter sofort gewittert. Ärgerlich fegte er sie aus der Grotte hinaus, dann legte er sich zur Ruhe.
Die Tiere, die sich in der Nähe der Höhle verborgen hatten, kehrten zum Platz am Rande des Eukalyptuswaldes zurück. Viele ließen die Köpfe hängen, aber der Weiße Adler sprach ihnen Mut zu und forderte sie auf, neue Vorschläge zu unterbreiten.
„Brüder, auch ich weiß eine List, um Mungoon-gali zu bezwingen", rief von einem Baum der Koala. Die Tiere sahen verwundert zu ihm hinauf, galt doch der kleine, stets schläfrige Beutelbär nicht eben als ein Ausbund von Pfiffigkeit.
„Seht, was hier aus dem Baumstamm quillt! Es ist Mubbu, das klebrige Harz des Eukalyptusbaumes. Wenn wir damit . . ." – die Koala-Stimme wurde geheimnisvoll leise – „. . . wenn wir damit den Eingang seiner Höhle bestreichen, klebt Mungoon-gali wie eine Fliege fest. Und dann haben wir leichtes Spiel mit diesem Scheusal!" Wieder hallte Jubelgeschrei durch den Wald. Mit Feuereifer machten sich die Tiere daran, Mubbu zu sammeln. Sie bestrichen, während der Drache schlief, die schwarzen Steine am Eingang der Grotte. Dann legten sie sich, mit Steinen und Stangen bewaffnet, in den Büschen ringsum auf die Lauer.
Kaum war die Abendsonne hinter den Felsen verglüht, erwachte der Drache, und seine glimmenden Augen erschienen im Dunkel des Höhleneinganges. Das große, spitz zulaufende Maul wurde sichtbar, die lange, glänzende Zunge.

Die Tiere in ihren Verstecken hielten erwartungsvoll den Atem an. Gleich mußte es geschehen, mußte der Menschenfresser am tückischen Mubbuteppich festkleben! Doch was mußten sie sehen! Die heimlichen Beobachter wollten schier verzweifeln, als sie entdeckten, daß der Drache das Eukalyptusharz genüßlich aufleckte. Er labte sich daran, als ob es Honig sei! Er schleckte es bis auf den letzten Tropfen auf, um sich nach dieser Vorspeise die Hauptmahlzeit aus den Hütten der Menschen zu holen.
Trauriger noch als beim ersten Mal kehrten die Tiere zurück. Verstummt war das Lärmen. Selbst die Papageien und Kakadus senkten betrübt ihre Köpfe und hielten die Schnäbel.
Waren die Möglichkeiten der Tiere etwa schon erschöpft? Aber nein! Jetzt meldete sich Ooyu-bu-lui zu Wort, die Schwarze Schlange. Bisher hatte sie sich teilnahmslos in Schweigen gehüllt. Nun blähte sie sich auf und zischte: ,,Ich hätte euch gleich sagen können, daß Mungoon-gali nicht mit derart kindischen Manövern zu überlisten ist. Das muß man schon etwas schlauer anfangen! Darum laßt es mich nun versuchen. Bevor noch der nächste Abend dämmert, das schwöre ich euch, habe ich das Untier unschädlich gemacht. Ich ganz allein!"
Die Tiere vernahmen die großsprecherischen Worte der kleinen Schlange mit Verwunderung. Damals war Ooyu-bu-lui nämlich weder mit Gift bewaffnet, noch hatte sie sich jemals durch besondere Schläue hervorgetan. Da sie aber so siegesgewiß aufgetreten war, fragten die Tiere nicht weiter, sondern ließen sie einen Versuch wagen.
Die Schwarze Schlange glitt geräuschlos durch den Wald, hin zur Höhle des menschenfressenden Drachen. Sie kroch hinein, ringelte sich auf seinem Schlafplatz zusammen und blieb bis zum Morgen dort liegen. Als sich das Ungeheuer in der Frühdämmerung vollgefressen und müde in seine Behausung wälzte, entdeckte es die Schlange. Gleich wollte es die Beinlose als Nachspeise verschlingen. Aber Ooyu-bu-lui richtete sich steil auf und sprach: ,,Halt ein, Freund! Du würdest es bitter bereuen, wenn du mich

umbrächtest. Denn wisse, ich bin gekommen, dich zu warnen."
„Ha-ha, was brauche ich deine Warnung, einfältiger Wurm!" höhnte der Drache. „Sieh meine Krallen, sieh meinen Giftsack! Weder Mensch noch Tiergewürm fürchte ich. Also spar dein Geschwätz!"
„So warte doch, großer Mungoon-gali! Fressen kannst du mich auch später noch. Erst höre dir an, was ich zu sagen habe. – Gewiß, du bist mächtiger als jedes andere Tier. Von den Menschen gar nicht zu reden. Aber einen gibt es, vor dem du dich in acht nehmen solltest. – Du kennst ihn nicht, aber er kennt dich sehr genau." „Was redest du da? Wer soll das sein?"
„Du siehst ihn nicht", antwortete vielsagend die Schlange, „aber er sieht dich jederzeit."
„Wer? So rede, Elende!"
„Du hörst ihn nicht, aber seinen Ohren entgeht nichts."
Der Drache wurde allmählich unruhig. „Wenn du mir nicht augenblicklich verrätst, wer das ist, sollst du mich kennenlernen", brüllte er und ließ seinen Giftsack sehen.
Die listige Ooyu-bu-lui frohlockte heimlich, daß sie des Drachen Neugier und Stolz geweckt hatte.
„Der große Waldgeist ist es, von dem ich spreche", flüsterte sie ihm zu. „Die Tiere haben ihn befragt, wie man dich aus der Welt schaffen kann, und gemeinsam haben sie einen tückischen Plan ausgeheckt. Ich habe sie dabei ein wenig belauscht."
„Der große Waldgeist?" rief der Drache erstaunt. „So sprich doch!" drängte er, gespannt wie ein Flitzbogen. „Und wehe, du verhehlst mir ein Wort!"
Aber nun schwieg die Schlange, sie blickte nur angstvoll auf Mungoon-galis Maul. Erst als er sie nochmals zum Reden aufgefordert hatte, sagte sie leise: „Ich würde dir gerne alles verraten. Nur deshalb bin ich ja gekommen. Doch die Angst schnürt mir die Kehle zu. Deinen schrecklichen Giftsack, . . . könntest du ihn nicht eine Weile beiseite legen, edler Mungoon-gali?"
„Meinetwegen", brummte der Drache und nahm das Fellsäckchen aus dem Maul.

,,Oder noch besser, du gibst ihn mir in Verwahrung", meinte die Schlange. ,,Dann habe ich die Gewähr, daß du mich nachher auch laufen läßt."
Prüfend starrte der Drache der Schwarzen Schlange in die Augen. ,,Wehe, du willst mich betrügen!" Aber Ooyu-bu-lui hielt seinem Blick stand.
Da reichte der Drache ihr das Gift, und die Schlange begann zu reden: ,,Es ist so: Die Tiere haben lange beraten, wie sie dich überlisten können. Manches wurde erwogen und versucht, ohne Erfolg, wie du weißt. Da gab ihnen der Große Waldgeist den Rat, das klügste aller Tiere in deine Höhle zu schicken, dir deine wichtigste Waffe, den Giftsack, mit List zu entwenden. – Und das ist soeben geschehen!"
Noch ehe der Drache den Vorgang zu begreifen vermochte, war die Schlange aus der Grotte entwischt. Das Ungeheuer schrie wütend auf, stürzte sich hinterher, doch dick und vollgefressen wie es war, konnte es die wendige Ooyu-bu-lui im dichten Unterholz nicht einholen. Geschlagen kehrte es in seine Grotte zurück.
Indessen war die Schwarze Schlange bei den Tieren angelangt. Stolz zeigte sie ihnen den Giftsack in ihrem Maul, und die Tiere lobten sie und dankten ihr für die tapfere Tat. Als dann der Beschluß gefaßt wurde, das Gift zu vernichten, schüttelte die Schlange jedoch den Kopf.
,,Was denn, ich soll den schönen Giftsack wieder hergeben? Wie komme ich dazu?" rief sie triumphierend. ,,Jetzt bin ich die Mächtigste und kann euch alle in Angst und Schrecken versetzen!"
Die Tiere redeten ihr zu, baten sie, flehten sie an, das unheilvolle Gift zu vernichten. Aber die Schlange lachte nur. Da verstießen die Tiere sie aus ihrer Gemeinschaft. Seit dieser Zeit wird die Schlange gemieden, und alle machen einen großen Bogen, wenn sie ihr begegnen.
Der Drache aber, seines Giftes beraubt, mußte sich fortan von Fliegen und Würmern ernähren. Im Laufe der Zeit verwandelte er sich in ein friedfertiges, kaum ellenlanges Tier, dessen zahlreiche

Nachkommenschaft noch heute die Erde bevölkert. Die kleinen Agamen, mit hornigen Stacheln und Zacken ausgestattete Echsen, wissen freilich nicht mehr, daß sie von dem schrecklichen Mungoon-gali abstammen. Und es ist besser, wenn wir es ihnen auch nicht verraten.

Nach einem australischen Märchen

Von Märchendrachen und Drachenmärchen

Wer Märchen und Sagen liest, kann dabei leicht den Eindruck gewinnen: Früher, da muß es von Drachen nur so gewimmelt haben. Einige dieser Ungetüme habt Ihr bei der Lektüre dieses Buches kennengelernt. Andere werdet Ihr noch entdecken. Etwa den hundertköpfigen Drachen, der die berühmten Äpfel der Hesperiden bewachte – die griechische Sage erzählt, wie Herkules ihn überwand; oder den großen roten Drachen mit sieben Köpfen und zehn Hörnern, der vom Erzengel Michael aus dem Himmel vertrieben wurde.

Und nicht nur beim Bücherlesen kann man ihnen begegnen, den Drachen und Drachenkämpfern. Man findet sie auch als Denkmäler und Brunnenfiguren, auf Wappen und alten Gemälden. Die Namen von Höhlen, Schluchten und Bergen halten die Erinnerung an sagenhafte Begebenheiten wach. Unter den Tieren, die heutigentags Meere, Wälder und Steppen bewohnen, sind Drachen nicht zu finden. Doch gibt es Lebewesen, die verblüffende Ähnlichkeit mit diesem Fabelwesen haben, etwa die Flugdrachen Südostasiens, die Kragenechsen des australischen Kontinents und andere Agamen. Wer solch ein Tier zu sehen bekommt, meint, einen Nachfahren der mächtigen Drachenungeheuer vor sich zu haben. Kein Wunder also, daß immer wieder gefragt wird, ob es denn solche Wesen in grauer Vorzeit nicht vielleicht doch gegeben habe. So wurden die Märchendrachen mit den Sauriern in Verbindung gebracht, die einst die Erde bevölkerten. Habt Ihr schon Bilder von Sauriern gesehen? Oder ein Saurierskelett, wie es in einigen Museen ausgestellt ist? Dann wird Euch die Ähnlichkeit mit unseren Märchenungeheuern gewiß nicht entgangen sein. Sie führte zu der Annahme, daß in den Drachengeschichten unsere Vorfahren ihre Erlebnisse mit solchen Tieren dargestellt hätten. Inzwischen wissen wir aber, daß die Saurier bereits seit 50 Millionen Jahren ausgestorben waren, als der Mensch zum Mensch wurde

und Märchen zu erzählen begann. Sie können sich also gar nicht begegnet sein.
Auch für das Vorhandensein anderer drachenähnlicher Tiere gibt es keine überzeugenden Beweise. Deshalb müssen wir davon ausgehen, daß die Drachenkämpfe, die von den Erzählern tausendfach in leuchtenden Farben ausgemalt worden sind, in Wirklichkeit nie stattgefunden haben. Vielmehr deutet alles darauf hin, daß die Ungeheuer schlicht und einfach erfunden worden sind. Sie wurden aus den Körperteilen verschiedener bekannter Tiere zusammengesetzt. Schlange und Krokodil, Echse, Adler, Löwe und Fledermaus haben das ihre zu der phantastischen Gestalt des Drachen beigetragen, wie Ihr bei genauerem Hinsehen selber feststellen könnt.
Um zu verstehen, welche Bewandtnis es mit den Drachen hat, müssen wir uns in jene Zeit zurückversetzen, als die Märchen entstanden. Sie stellen bekanntlich die älteste Gattung der Literatur dar, bis in die Zeit der Urgesellschaft reicht sie zurück. Viele Jahrhunderte lang wurden die Märchen mündlich überliefert, bevor man sie später schriftlich aufzeichnete. An den Lagerfeuern der Hirten lauschte man den Märchenerzählern, in den Hütten der Fischer, an den Brunnen, wo sich die Frauen beim Wasserholen trafen.
Das Leben der Menschen damals unterschied sich von unserem in vielen Dingen. Die Natur stand ihnen noch als eine geheimnisvolle, oft feindliche Macht gegenüber. Überschwemmungen und Dürren, wilde Tiere und Gewitter versetzten die Menschen in Angst und Schrecken. Sie fragten sich, weshalb der Fluß über seine Ufer trat und wohin der Sonnenball bei seinem allabendlichen Untergang verschwand. Da sie diese und andere Naturereignisse noch nicht zu erklären vermochten, erschuf ihre Phantasie übernatürliche Wesen, Götter, Geister und Fabeltiere.
So deutete man den Untergang der Sonne im alten Ägypten derart, daß jeden Abend ein Drache das Schiff des Sonnengottes überfalle. Man stellte sich vor, daß die beiden über Nacht miteinander kämpften; gegen Morgen aber besiegte der Sonnengott den Drachen, so daß sein Schiff wieder in strahlendem Glanz über den

Himmel ziehen konnte. In China, wo die Drachenwelt gelegentlich auch angenehme Züge trägt, galt unser Fabelwesen als Beherrscher des Wassers und der Lüfte. Denkt an das Märchen vom Zimmermann Dai Li, der den Palast des Drachenkönigs repariert. Für das Unwetter, von dem hier die Rede ist, tragen die Drachenkönige Verantwortung. Nur dem Opfermut Dai Lis ist es zu danken, daß den Wasserfluten schließlich Einhalt geboten wird und am Ende für alle Zeiten gutes Wetter herrscht.

Doch nicht nur als Verkörperung gefährlicher Naturgewalten haben wir uns den Drachen vorzustellen. Die Märchen wanderten durch Länder und Jahrhunderte und wurden immer wieder verändert und abgewandelt – und mit ihnen das Bild des Drachen. Viele Erfahrungen sind darin eingeflossen. In zahlreichen Farben schillert unser Fabelwesen, und man kann immer wieder neue entdekken.

Ist Euch beispielsweise aufgefallen, daß einige der Drachenungeheuer kaum noch wilden, in Höhlen hausenden Tieren gleichen? Sie wohnen vielmehr in Palästen, raffen Reichtümer zusammen, sind von zahlreichen Bediensteten umgeben und tyrannisieren die einfachen Leute – kurz, sie ähneln jenen mächtigen Herrschern, unter denen die Menschen einst zu leiden hatten. Auch an sie hat das Volk offenbar gedacht, wenn es von Drachen fabulierte. Im Märchen läßt es ihnen die gerechte Strafe zuteil werden. Das Böse wird ausgetilgt, das Gute aber trägt den Sieg davon. Unüberhörbar spricht aus ihnen der Wunsch der Völker nach einer Welt der Gerechtigkeit und des Glücks. Und wer sie zu lesen versteht, dem zeigen sie die guten und bösen Erfahrungen vieler Generationen, ihre Hoffnungen, ihre Freuden, ihre Leiden.

Nicht alle Drachen, die wir kennenlernten, waren indes erzböse Monster, deren Anblick uns kalten Angstschweiß aus der Haut treibt. Denkt nur an jenen Unhold, den die Kinder des listigen Zigeuners in die Flucht schlagen. An Körpergröße und roher Kraft fehlt es ihm zwar nicht, doch mit seinem Geist ist wahrlich kein Staat zu machen. Das einfältige Ungetüm vermag nicht, das Fürchten zu lehren, sondern reizt zum Schmunzeln. Von Respekt oder gar Angst keine Spur mehr! Gestalten wie diese dürften in einer Zeit geprägt worden sein, als die abergläubische Furcht vor Drachen und anderen Fabelwesen mehr und mehr an Kraft verlor. Die Märchenerzähler begannen, ihren Spaß mit ihnen zu treiben. Zur Freude ihrer Zuhörer – und auch zu unserem Vergnügen.

Viel könnte noch über den Drachen und seine vieltausendjährige Geschichte gesagt werden. Doch wollen wir darüber nicht vergessen, daß er in unseren Drachenmärchen gar nicht die erste und wichtigste Gestalt ist. Was wäre die Welt, wenn der Dunkelheit nicht das Licht gegenüberstände und dem Bösen das Gute? Und was wären unsere Märchen, wenn nicht tapfere Menschen die Ungeheuer am Ende bezwängen! Nicht um die Bösartigkeit der Drachen geht es in diesen Geschichten, sondern stets darum, daß das Gute den Sieg erringt.

Wir leben in einer Zeit, in der niemand mehr glaubt, daß für den Auf- und Untergang der Sonne Drachen verantwortlich sind, und tyrannischen Herrschern begegnet man hierzulande so selten wie Dinosauriern.

Aber noch immer gibt es Ungerechtigkeit auf der Welt. Noch immer ist das menschliche Leben vielfachen Bedrohungen ausgesetzt. Das Gute setzt sich auch heute nicht von alleine durch, sondern muß in harten Auseinandersetzungen errungen werden. Deshalb können die Kämpfer wider den Drachen, ihre Tatkraft, ihr Mut, ihr Ideenreichtum, uns Heutigen durchaus noch Vorbild sein. Drachen gibt es zwar nicht, doch Drachenkämpfe hat jeder von uns zu bestehen. Also behaltet sie gut in Erinnerung, den Zimmermann Dai Li, die tapfere Prinzessin Danila, den klugen Subudhi und all die anderen, denen Ihr in unserem Buch begegnet seid.

Rainer Hohberg

Die wichtigsten Quellen

Adler, E.:
Die Legende vom Bumerang.
Berlin 1966.

Benfey, Th.:
Pantschatandra.
Leipzig 1859.

Ehrenteich, A.:
Englische Volksmärchen.
Jena 1938.

Hahn, J. G.:
Griechische und albanesische Märchen.
Leipzig 1864.

Held, T. V.:
Märchen und Sagen
der afrikanischen Neger.
Jena 1904.

Johannissiany, A.:
Armenische Bibliothek. Nr. IV.
Leipzig 1887.

Kaden, W.:
Unter den Olivenbäumen.
Leipzig 1880.

Löwis of Menar:
Russische Volksmärchen.
Jena 1914.

Miklosch, F.:
Märchen und Lieder der Zigeuner
der Bukowina.
Wien 1874.

Schott, A. u. A.:
Wallachische Märchen.
Stuttgart und Tübingen 1845.

Seidel, A.:
Anthologie aus der asiatischen
Volksliteratur.
Weimar 1898.

Štovičová, D. u. M.:
Chinesische Volksmärchen.
Prag 1968.

Wilhelm, R.:
Chinesische Volksmärchen.
Jena 1927.

Zaunert, P.:
Deutsche Märchen seit Grimm.
Jena 1922.

Zingerle, I. u. P.:
Kinder- und Hausmärchen
aus Süddeutschland.
Regensburg 1854.

Inhaltsverzeichnis

2. Auflage 1986

Lizenz-Nr. 360-500/102/86
LSV 7518
Typografie: Werner Geisler
Satz: Druckerei Fortschritt Erfurt
Druck: Druckhaus Weimar
Buchbinderische Verarbeitung:
VOB Buchbinderei Südwest,
Leipzig
Für Leser von 9 Jahren an
Bestell-Nr. 788 639 8
ISBN 3-7421-0160-9
00510